ROMANCE

O Melhor é Viver!

Richard Simonetti

CEAC EDITORA

Coordenação editorial

Renato Leandro de Oliveira

Revisores - Colaboradores

Álvaro Pinto de Arruda

Edson de Oliveira

Evanilde Rossi Sandrão

José Mauro Progiante

Capa

Milton Puga

Diagramação

Luiz Antônio Gonçalves

Dados Internacionais de Catalogação na Publicação- CIP

S598m Simonetti, Richard.

O melhor é viver / Richard Simonetti. -- Bauru, SP: CEAC, 2018.
176p.; 15x 23 cm

1. Romance espírita 2. Espiritismo I. Titulo.

CDD 133.93
CDU 133.7
CDE 80.02.00

Romance de exaltação da Vida!

Jamais indesejável fuga!

Jamais desistir de viver!

1ª Edição – Setembro de 2018
15.000 exemplares

Edição e Distribuição

CEAC
EDITORA

Rua 15 de Novembro, 8-55
Fone: 14 3227 0618
CEP 17015-041 – Bauru SP
www.editoraceac.com.br
www.radioceac.com.br
www.tvceac.com.br
www.ceac.org.br

A religião, a moral, todas as filosofias condenam o suicídio como contrário às leis da Natureza.

Todas nos dizem, em princípio, que ninguém tem o direito de abreviar voluntariamente a vida. Entretanto, por que não se tem esse direito? Por que não é livre o homem de pôr termo aos seus sofrimentos?

Ao Espiritismo estava reservado demonstrar, pelo exemplo dos que sucumbiram, que o suicídio não é uma falta, somente por constituir infração de uma lei moral, consideração de pouco peso para certos indivíduos, mas também um ato estúpido, pois que nada ganha quem o pratica. Antes o contrário é o que se dá, como no-lo ensinam, não a teoria, porém os fatos que ele nos põe sob as vistas.

Allan Kardec, em O Livro dos Espíritos.

APRESENTAÇÃO

Segundo a Organização Mundial de Saúde, morrem no mundo, anualmente, perto de quinze milhões de pessoas. São dados não plenamente confiáveis, tendo em vista a precariedade dos levantamentos estatísticos, principalmente em países subdesenvolvidos.

De qualquer forma, para uma população atual de cerca de sete bilhões e duzentos milhões de habitantes, é um número expressivo.

Gente que morre de "morte morrida"; digamos natural, de velhice. Gente que morre de acidente; gente que morre assassinada; gente que morre por desleixo com o corpo; gente que morre por cultivo de vícios.

E há, infelizmente, gente que morre por estar em guerra consigo mesma – os suicidas, que pretendem abreviar a vida para livrar-se das dores do mundo.

Calcula-se que, anualmente, pelo menos novecentas mil pessoas retornam ao plano espiritual por essa porta falsa, que apenas as precipita em sofrimentos mil vezes acentuados, a ponto de enfatizarem os que se manifestam em reuniões mediúnicas:

O pior sofrimento da Terra não se compara ao meu!

Será assim mesmo? Como podem os Espíritos fazer afirmativas com tamanha convicção?

É simples.

Basta conversar com os suicidas que, invariavelmente, onde se manifestam, fazem a mesma revelação.

Não obstante a profusão de comprovações sobre a sobrevivência da alma humana, de que é pródiga a ciência espírita e que Allan Kardec denominou *universalidade dos ensinos espíritas*, com a perfeita identidade de informações transmitidas por médiuns que não se relacionam entre si, nem têm conhecimento dos princípios espíritas, sempre haverá os negadores, mas estes também atravessarão as portas do túmulo e constatarão, deslumbrados ou assombrados, as realidades do mundo espiritual, o verdadeiro, enquanto este em que estagiamos é apenas ilusão.

Para os que estão convencidos de que a vida continua, ficam estas páginas contando experiências relacionadas com o suicídio e, sobretudo, com o empenho dos benfeitores espirituais para evitar esse que é o mais grave desastre que pode acontecer com os desavisados, a imaginar, equivocadamente, que a vida termina no túmulo.

Boa leitura, amigo leitor, boa inspiração, a fim de que jamais essa funesta ideia ganhe presença no espaço mais sagrado de nossa existência – a consciência, nossa porta de contato com Deus – plena de bênçãos quando a mantemos limpa e arejada pelo bom ânimo e a coragem de enfrentar as atribulações humanas, segundos na eternidade de bênçãos que aguarda os que não desistem de viver, orientados pela disposição de servir.

Boa leitura!
Deus o abençoe!

Bauru, primavera de 2018.

e-mail: richardsimonetti@uol.com.br
site: www.richardsimonetti.com.br

Sumário

Capítulo 1
DIO SIA LODATO! 11

Capítulo 2
ENCONTRO COM O DESTINO 17

Capítulo 3
TRAVANDO CONTATO 21

Capítulo 4
SURPREENDENTE REVELAÇÃO 27

Capítulo 5
NOVOS RUMOS 33

Capítulo 6
ALÉM DAS MÃOS 39

Capítulo 7
NOVA TAREFA 43

Capítulo 8
A CARTA SALVADORA 45

Capítulo 9
O RETORNO DO ÍNDIO 49

Capítulo 10
MORTE POR "ACIDENTE" 55

Capítulo 11
A DEDICATÓRIA SALVADORA 65

Capítulo 12
QUESTÕES DE GÊNERO 73

Capítulo 13
INDUÇÃO AO SUICÍDIO *83*

Capítulo 14
DIÁLOGO ESCLARECEDOR *95*

Capítulo 15
TESTEMUNHO INESQUECÍVEL *101*

Capítulo 16
A MAGIA DAS MÃOS *105*

Capítulo 17
SOCORRO PROVIDENCIAL *109*

Capítulo 18
SURPRESA FELIZ *115*

Capítulo 19
CORRENTE DE ORAÇÃO *123*

Capítulo 20
MORATÓRIA MISERICORDIOSA *129*

Capítulo 21
A VOLTA POR CIMA *135*

Capítulo 22
SUICÍDIO INDIRETO *141*

Capítulo 23
EXPERIÊNCIAS SURPREENDENTES *145*

Capítulo 24
LIBERADO ENFIM *151*

Capítulo 25
SEMPRE ATENTO *157*

Capítulo 26
FINAL FELIZ *163*

Capítulo 1

DIO SIA LODATO!

A desilusão amorosa é má conselheira.

Suas sugestões contrariam, não raro, o bom senso, induzindo seus *maleficiários* – com perdão do pífio neologismo, caro leitor – a iniciativas comprometedoras.

Afinal, ruminava Suzana Colares, por que continuar a viver se a sua existência, aos 26 anos perdera o significado e o objetivo?

Filha única, família de classe média, seu pai falecera há muitos anos.

Rosália, a mãe extremada, seu apoio, sua segurança, falecera seis meses antes.

E agora, para culminar com sua desdita, Luiz Gustavo, de quem estava noiva, resolvera desfazer a ligação, alegando não amá-la o suficiente para ficarem juntos.

Essa história de amor insuficiente cheirava-lhe um amor intruso interpondo-se entre ambos.

Procurando abafar suas mágoas, pretendera dedicar-se ainda mais aos alunos, na escola estadual onde trabalhava.

Era professora competente, lecionava para alunos do ensino fundamental, meninada de quatorze anos. Tinha futuro promissor na área de ensino, Suzana porém estava com a mente demasiado conturbada para qualquer iniciativa capaz de romper a ideia fixa: Não valia a pena viver!

Lamentável equívoco, que abria sua vida íntima a Espíritos que se comprazem em perturbar as pessoas, por vingança ou simples prazer.

O perigo está em asilarmos ideias do tipo *Deus bem poderia levar-me,* ou *seria melhor morrer.*

Perto de um milhão de pessoas matam-se no mundo, anualmente, pelos mais variados motivos e até sem motivo algum, simplesmente por cederem a impulsos momentâneos, que crescem sob influência de correntes de vida mental inferior que passam a sintonizar quando usam a perigosa senha: *seria melhor morrer!*

Era exatamente nisso que pensava, a aguardar o ônibus, por volta de dezoito horas, ao término de sua jornada de trabalho.

O viaduto do Chá, famoso pelo número de pessoas que fizeram dele seu trampolim para o Além, veio à sua mente. Estava longe, mas nada que uma corrida de táxi não resolvesse.

Antes que pudesse fazer qualquer sinal, um deles parou ao lado. O motorista, um senhor idoso, cabeleira prateada, fisionomia simpática, abriu-lhe a porta do banco traseiro.

– Para onde vamos? – perguntou, sorridente.

– Viaduto... Viaduto do Chá... – balbuciou, reticente.

– *Dio sia lodato!*

– Não entendi.

O motorista sorriu.

– Desculpe, é uma expressão italiana. Significa *Deus seja louvado!* Sou neto de italianos, mas essa frase é tudo que sei. Era pronunciada com frequência por minha avó, italiana da Calábria. Ela dizia que devemos pôr sempre Deus no começo e fim de nossas ações, como inspiração para as boas ações e combate aos maus pensamentos.

Aquelas considerações chocaram Suzana. O motorista tinha razão. Vergonhosa sua cogitação. Tudo errado. Não era nada disso que desejava, não era seu jeito de ser, mas deixara-se levar, como alguém preso a incontrolável atração pelo abismo.

O carro movimentou-se e, após breves momentos, Suzana experimentou outra surpresa, desta feita enorme, inexplicável.

O motorista voltou-se para ela e disse:

– Dona Rosália está dizendo que se sente envergonhada por ver a sua filha prestes a cometer uma loucura!

Fosse cardíaca e Suzana teria morrido ali mesmo, de susto. Como poderia estar ouvindo tal afirmativa, se não conversara com ninguém sobre sua conturbação? E como o motorista poderia saber o nome de sua mãe?

– Desculpe – falou, vacilante –, não entendi...

Ele a olhava sorridente pelo espelho retrovisor.

– Foi isso mesmo. Dona Rosália, sua mãezinha, está triste, por ver sua filha, de quem cuidou com tanto carinho, com maravilhosos exemplos de coragem e confiança em Deus, prestes a cometer um ato de covardia.

Não apenas perplexa, a jovem estava profundamente envergonhada, mas tentou disfarçar.

– Não sei do que o senhor está falando...

– Sabe, sim, Suzana. Não é esse o seu nome?

– Sim, mas certamente o senhor não me conhece...

– Estou conhecendo agora, por intermédio de dona Rosália.

– Minha mãe morreu...

– Morreu, não. Desencarnou! O Espírito é imortal. Por isso ela está aqui. Fique tranquila. Meu nome é José Maria. Atendendo sua mãezinha, estou aqui para ajudá-la.

Totalmente desarmada em seus propósitos, a jovem balbuciou:

– O senhor poderia explicar-me o que está acontecendo?

– É simples, minha querida. Sou médium e dotado da faculdade da vidência. Vejo os Espíritos. Quando você entrou no carro, sua mãe entrou junto. Avisou-me de sua intenção e pediu que a socorresse.

– E ela continua aqui?

Embora impactada pelo que estava acontecendo, a jovem vacilava em acreditar numa intervenção espiritual, mesmo porque, argumentava com seus botões, aprendera nas aulas de evangelização que as almas dormem após a morte, até o juízo final.

José Maria informou:

– Dona Rosália está dizendo que esse descanso até o juízo final é conversa para boi dormir.

Suzana rendeu-se à evidência. Sua mãe usava com frequência essa expressão quando se reportava a fantasias religiosas.

– O senhor me desculpe. Tudo o que falou é verdade, inclusive quanto à intenção de acabar com minha vida. Eu nunca cogitei dessa loucura e, em sã consciência, jamais a cometeria. No entanto, a ideia cresceu dentro de mim e não sei o que faria sem sua ajuda.

– Sua mãe já me informou a respeito. Sei que está desiludida e infeliz. Mas saiba que a desilusão é um bem, significa que estava iludida.

– Meu Deus! Até isso o senhor sabe!

– Dona Rosália contou.

Após dar o endereço de sua casa, agora menos agitada, mas curiosa, Suzana perguntou:

– Se não for incômodo, senhor José Maria, gostaria que me falasse sobre esse seu poder.

– Não tenho nenhum poder, minha querida. Como lhe disse, sou apenas médium, com sensibilidade que me permite, eventualmente, ver os Espíritos. Vivemos rodeados deles. Tem mais gente do lado de lá do que de cá.

– Por que eventualmente?

– Só acontece por iniciativa dos mentores que me assistem. E rendo graças a Deus por isso. Seria de enlouquecer vê-los o tempo todo. Há visões horríveis!

– Sempre foi assim?

– Desde a infância. Os familiares pensavam que era fantasia, o amigo imaginário, de que falam os psicólogos.

– Não acharam que o senhor era doido?

– Na adolescência, sim, até que resolvi seguir o conselho de Teotônio.

– Teotônio?

– Meu guia espiritual. Foi ele quem passou a orientar-me. Deixei de falar sobre os fenômenos até a idade adulta. Contrariando os familiares, comecei a frequentar um Centro Espírita e a estudar a Doutrina para aprender lidar com os mortos.

Suzana estava decididamente perplexa. Jamais poderia imaginar alguém com semelhante faculdade.

– Deve ser difícil ter essa sensibilidade, sentindo o que vai no íntimo das pessoas e percebendo que é bem diferente do que aparentam.

– Sem dúvida, chega a ser constrangedor, em alguns casos, principalmente com amigos e familiares. É doloroso perceber que pensam diferente do que aparentam, mas a gente se acostuma. São *ossos do ofício.*

– O senhor é casado?

– Sim, e muito feliz com minha esposa, que me visita frequentemente.

– Então estão divorciados?

– Apenas separados momentaneamente. Ela partiu há cinco anos para a pátria espiritual e já está preparando nossa nova moradia para nos reunirmos quando chegar minha hora, atendendo à fatalidade da morte. Estou com oitenta e cinco anos, *fazendo serão,* como o trabalhador que continua na ativa depois da aposentadoria. E servir aos bons Espíritos é a melhor opção em nossa idade. O táxi é uma distração e um ambiente reservado para colaborar com nossos mentores.

Suzana estava perplexa. Jamais ouvira conceitos tão confortadores, diante da morte de um ente querido.

José Maria, que parecia ler seus pensamentos, concluiu:

– A morte, Suzana, não separa os que se amam.

– Minha mãe ainda está aqui?

– Talvez, mas já não a vejo. Deixou um último recado. Confie em Deus e siga com sua vida. Você tem tarefas a serem desempenhadas e ela estará sempre a ajudá-la.

– O senhor está falando de um assunto proibido na igreja que frequento. Ali consideram que é o diabo quem se apresenta nessas manifestações, disfarçando-se de familiar nosso para nos iludir.

– Sei disso, Suzana. A ignorância costuma ser atrevida, levando a concepções totalmente equivocadas. Muita gente morreu queimada na Idade Média em decorrência disso. Aprendemos com o Espiritismo que os mortos estão bem vivos e acordados. Nossos familiares torcem por nós, trabalham por nós, esperam por nós. Se você estiver interessada, compareça no sábado à nossa reunião das dezessete horas.

Já à porta de sua casa, Suzana pegou um cartão de José Maria com o endereço do Centro e perguntou o preço da corrida.

– Não é nada, minha jovem. Quando estou a serviço dos mortos é proibido receber remuneração.

– Muito obrigada! Deus lhe pague! O senhor literalmente salvou minha vida, não apenas no sentido físico, mas como concepção. Esteja certo de que me verá em breve no Centro. E como diz, *Dio sia lodato!*

– *Dio sia lodato,* minha querida! Até breve.

Suzana entrou com a forte impressão de que aquele encontro mudaria sua vida.

Capítulo 2

ENCONTRO COM O DESTINO

Agora, com plena convicção de que sua mãezinha continuava viva, liberta do corpo físico, Suzana sentia-se profundamente envergonhada.

Como pudera dar-lhe o desgosto de decidir-se por uma fuga, quando tivera, de sua parte tantos exemplos de coragem e disposição para enfrentar a adversidade?

Rosália jamais esmorecera, sempre disposta ao testemunho de sua crença em Deus, que, conforme não cansava de ensinar-lhe, é um pai de infinito amor e misericórdia empenhado em amparar seus filhos.

E de repente ela, Suzana, educada com tanto carinho, pensara em encarar a morte para furtar-se a uma desilusão!

Em seu benefício podemos dizer, caro leitor, que a lamentável decisão não estava de acordo com sua índole.

Digamos que ela teve um momento de vacilo.

Aí reside o perigo.

Pessoas de boa índole podem, numa reação negativa a situações difíceis, asilar o pensamento de *fazer coisas que até Deus duvida*, como, por exemplo, imaginar que seria melhor *sumir*.

É o suficiente para sintonizarem com correntes de vida mental inferior, que as levam ao comprometedor deslize, do qual se arrependerão amargamente.

E isso ocorre não apenas em relação ao suicídio.

Por um momento de invigilância, adultérios são consumados, casamentos são desfeitos, crimes são cometidos, amizades são destruídas, atos comprometedores são perpetrados...

Quando perdemos o controle sobre nossas ações, regredimos a estágios primários de evolução, com consequências imprevisíveis.

Problemas e males variados que hoje nos afligem constituem mera herança do que aprontamos em vidas anteriores, ao permitir que os instintos superassem a razão.

É no momento de desatenção que nos comprometemos, até quando estamos imbuídos dos melhores propósitos.

Assim, Simão Pedro negou três vezes conhecer Jesus na noite fatídica de sua prisão.

Assim, Paulo de Tarso decidiu perseguir os cristãos, situando-os como ameaças ao judaísmo.

Assim, Judas traiu Jesus, empolgado pela ideia de uma revolução resultante de sua prisão.

E todos amargaram as consequências de seus equívocos.

O mal se ausentará de nosso mundo quando as pessoas seguirem a singela recomendação de Jesus: *orar e vigiar.*

***

Suzana teve uma noite agitada, com dificuldade para conciliar o sono.

Acordou por volta de seis da manhã com o telefone a funcionar como despertador.

Era Lucélia, sua colega de magistério.

– Bom dia, Suzana.

– Oi Lucélia, bom dia. O que houve? Caiu da cama?

– Infelizmente é algo mais grave. Silas suicidou-se.

Silas era um menino difícil.

Sentava-se nas últimas fileiras, alheio geralmente às aulas, fechado em si mesmo.

Não era dedicado ao estudo e faltava com frequência.

Expressão de poucos amigos, distanciava-se dos colegas e dela própria.

Suzana reconhecia que não nutria simpatia por ele e, como já ocorrera em relação a outros alunos, simplesmente procurava ignorá-lo, a fim de evitar aborrecimentos.

***

À tarde compareceu ao velório.

Encontrou alunos e professores que vinham solidarizar-se com a família. O ambiente era de consternação.

Introvertido e tímido, Silas jamais passara a ideia de que pensava em matar-se, algo inusitado em sua idade, mas que vai se disseminando entre os jovens.

Pesquisadores tentam definir por que alguém em pleno vigor físico, despertando para a vida, dela deseja furtar-se.

Todas as explicações são válidas, exprimem preocupação com o problema, mas ele persistirá e se ampliará até que as pessoas compreendam que a vida não é mero acidente biológico, da qual possamos dispor ao nosso arbítrio.

O próprio instinto de conservação, presente em todos os seres vivos, sinaliza que é preciso preservar a integridade física.

Todos se sujeitam a ele. As exceções correm por conta de uma contradição da espécie que exercita a razão e a capacidade de escolher.

Estão dispostos a enfrentar o que não veem – o mundo espiritual, mas acovardados diante do que veem – os desafios do mundo físico.

Conversando com Lucélia, Suzana recebeu informações que a chocaram.

Os pais de Silas haviam falecido em sua infância.

Estivera num orfanato durante alguns anos, até que uma tia resolve acolhê-lo.

Seu gesto de boa vontade não encontra a ressonância no marido, alcoólatra inveterado, que tratava Silas como um empregado, impondo-lhe tarefas variadas, agredindo-o quando não cumpria suas ordens.

O menino sentia-se um estranho no ninho, adotando uma postura introvertida, às voltas com seus fantasmas interiores, que sinalizavam o suicídio.

Suzana sentia-se mal por não ter dado a Silas a atenção devida. Tentava justificar-se perante a própria consciência, considerando seu jeito arredio.

Reconhecia, todavia, que justamente por sua maneira de ser, reveladora de profundos desajustes, deveria ter se ocupado mais dele.

Lembrou-se de sua própria situação. Não fosse por José Maria e estaria sendo velada também.

Embora pesarosa com sua desatenção em relação ao menino, aquele funesto acontecimento, somado à sua desilusão amorosa, teria influência decisiva em seu futuro.

Reconhecia que era preciso deixar de considerar-se uma coitadinha, e aprender a olhar mais detidamente as pessoas.

Não possuía a sensibilidade de José Maria, mas aprenderia a conhecer melhor seus alunos, buscando ajudá-los em seus problemas existenciais.

Capítulo 3

TRAVANDO CONTATO

No sábado, à tarde, Suzana compareceu à reunião do *Centro Espírita Aprendizes do Evangelho.*

José Maria a abraçou, feliz.

– *Dio sia lodato!* Sua mãe está ao seu lado, risonha e feliz por vê-la aqui. Pede-me para dizer-lhe que não se culpe pela morte de Silas, mas veja nesse acontecimento trágico a inspiração para um cuidado maior com seus alunos.

Suzana já não se surpreendia com José Maria. Era bem de sua mãe o teor do recado, sempre a estimulando a colher, mesmo em experiências funestas, lições em favor de um comportamento comprometido com os valores do bem e da verdade.

– Ela ainda está aqui?

– Sim.

– Diga-lhe que a amo muito e que estou morrendo de saudades.

Suzana sentiu uma onda de ternura que a comoveu até às lágrimas.

– Não é preciso dizer, Suzana, que Rosália acaba de dar-lhe um beijo carinhoso, explicando que a morte não separa os que se amam e que ela estará sempre a seu lado.

Suzana derramava-se em lágrimas, não de tristeza e desalento, como vinha fazendo ultimamente, mas de emoção e agradecimento a Deus pela bênção daquele momento.

– *Dio sia lodato!* Abençoado seja você, José Maria, pela ajuda que me vem proporcionando! – falou, feliz.

– Abençoada seja a Doutrina Espírita, minha querida, a nos proporcionar essa maravilhosa ponte para o contato com o mundo espiritual.

– Sim, sim, concordo plenamente. Com você, que tão bem a representa, colhi experiências que jamais me foram concedidas em anos de frequência a atividades religiosas às quais a nossa família está vinculada. Estou ansiosa por saber mais, por abeberar-me dos princípios espíritas.

– Ótimo, Suzana, mas vá devagar. Entusiasmo demais pode queimar como palha. Passarei alguns livros para você estudar, a começar pelo mais importante: *O Livro dos Espíritos*, base de nossa doutrina. Ali você encontrará um roteiro seguro de aprendizado e a resposta para suas dúvidas.

– O senhor poderia dar-me notícia de Silas, meu aluno que se matou?

– A situação do suicida é complicada, Suzana. Toda agressão ao corpo produz graves desajustes no perispírito.

– Perispírito?

José Maria sorriu.

– Desculpe, esqueci que você não conhece esses detalhes. Em sua expressão mais simples o perispírito é o intermediário do Espírito no plano em que atua. Feito de matéria também, em faixa etérea para nós, é sensível aos nossos pensamentos e ações. O suicídio provoca nele graves problemas.

– Na minha religião aprendemos que o suicida vai para o inferno, sem remissão.

– Podemos dizer que as regiões de sofrimento onde o suicida fica segregado equivalem a um inferno, mas sem as fantasias da teologia dogmática, sem caráter de perenidade. Somos todos filhos de Deus, que nos oferece infinitas oportunidades de reabilitação.

Suzana estava impressionada.

– Sempre estranhei essa ideia de penas eternas. Minha mãe dizia que representariam duplo fracasso de Deus. Não consegue evitar que um filho lá dê entrada, nem consegue tirá-lo.

– Perfeito! Rosália é um espírito iluminado. Agradeça a Deus tê-la como mãe. Quanto ao seu aluno, certamente haverá circunstâncias atenuantes, consideradas sua pouca idade e as experiências dolorosas que a vida lhe reservou. De qualquer forma estará, como todo suicida, sob os cuidados de benfeitores espirituais.

– Não há nada que possamos fazer em seu benefício?

– No momento o melhor recurso é orar. Dizem os suicidas que a oração dos que se compadecem é o refrigério de seus tormentos.

– O senhor teria condições para vê-lo, conversar com ele?

– Por enquanto, não, porém temos uma reunião específica para esse trabalho. Anotarei seu nome. Ele será beneficiado.

– Posso participar?

– No futuro, sim, desde que siga a orientação de nossa casa, buscando o estudo e a integração em nossos serviços assistenciais.

Suzana ficou curiosa com aquelas orientações.

– Parecem-me atividades distintas...

– Sem dúvida, mas para ser produtivo numa reunião mediúnica não basta o estudo. É preciso ter boa sintonia vibratória e isso só o esforço da caridade pode oferecer. Teremos tempo para falar sobre isso. Está na hora de nossa reunião pública.

***

José Maria conduziu Suzana ao salão de palestras.

Perto de cem pessoas estavam presentes, sentadas em poltronas simples de madeira.

José Maria explicou:

– Esta reunião visa a oferecer conforto e orientação para pessoas que imaginam ser o suicídio a solução de seus problemas.

– Todos os presentes estão pensando em matar-se ou já tentaram?

– Não, Suzana, a maioria é composta de pessoas que querem orientação para ajudar familiares que optaram por essa solução que, nesse caso, é mera complicação.

– A reunião é específica?

– Sim, foi instituída por orientação dos mentores espirituais desta casa. É preciso nos mobilizemos, usando os abençoados recursos que a Doutrina nos oferece. É expressivo o número de pessoas que têm esses momentos de perturbação como o que você enfrentou.

– E para todos o senhor tem recados do Além?

– Não, minha filha. Nem sempre há ensejo, nem sempre os mentores consideram oportuno.

– Posso considerar-me, então, uma privilegiada?

– Em princípio, sim, mas você aprenderá com Jesus que muito será cobrado de quem muito recebeu. Como lhe disse, você tem tarefas importantes pela frente.

– E posso saber algo a respeito?

– Fique tranquila, o tempo dirá.

O diálogo foi interrompido por alguém que se aproximou.

– Olá, José Maria, boa noite. Boa noite, senhorita...

Suzana sentiu um frêmito de emoção ao contemplar o recém-chegado. Teria cerca de trinta e cinco anos, porte atlético, fisionomia serena, que inspirava simpatia. Não lhe era estranho. Parecia conhecê-lo, embora tivesse certeza de que o estava vendo pela primeira vez.

– Oi... – respondeu, vacilante, sem saber o que dizer.

José Maria encarregou-se da apresentação:

– Carlos, esta é Suzana, que veio conhecer nossos trabalhos. Suzana, Carlos é o dirigente desta reunião e o faz muito bem.

A jovem ficaria feliz se soubesse que idêntica emoção tomara, Carlos, procurando recompor-se, respondeu:

– Bondade sua, meu caro. Apenas tento convencer as pessoas de que é importante enfrentar os desafios da existência sem ideias negativas.

– E tem conseguido seu intento? – arriscou Suzana, ansiosa por manter a conversação.

– Creio que sim. Pelo menos há alguns anos não temos nenhuma "baixa" junto aos nossos frequentadores.

José Maria avisou:

– Está na hora, minha gente. Vamos atender nossos irmãos.

Capítulo 4

SURPREENDENTE REVELAÇÃO

Carlos fez a abertura da reunião com singela oração, passando, em seguida, a contar uma história:

– Diz antiga lenda que um rei, não obstante seus poderes e riquezas, era infeliz.

Buscando alento, consultava médicos e psicólogos, astrólogos e videntes, magos e feiticeiros, submetia-se a tratamentos e estímulos diversos, sem alcançar a sonhada felicidade.

Até que um sábio de sua corte, desses sábios muito sábios, após realizar exaustivos estudos, consultando velhos alfarrábios, descobriu como ajudar o rei a superar a crônica infelicidade.

Eufórico, explicou ao monarca que ele poderia, sim, encontrar a felicidade, mediante uma providência simples.

O rei venceria a crônica angústia de viver se vestisse a camisa de um homem que houvesse alcançado a felicidade perfeita.

Imediatamente mensageiros partiram, procurando por todos os recantos do reino o infalível amuleto: a camisa de um homem verdadeiramente feliz.

Visitaram cidades e povoados, consultaram milhares de pessoas, sem sucesso.

Desanimavam quando, finalmente, após meses, encontraram o raro exemplar de um homem feliz por completo.

Infelizmente, porém, o homem verdadeiramente feliz não pôde atender o rei.

Era pobre, tão pobre que não usava camisa...

Carlos fez longa pausa, observando o efeito de suas palavras nos ouvintes. Depois explicou:

– Aprendemos com a Doutrina Espírita que a felicidade não é uma estação na viagem da existência. Trata-se de uma maneira de viajar. E não está subordinada à satisfação de nossos desejos diante da vida, mas ao desejo de compreendermos o que a vida espera de nós.

Em qualquer situação, é preciso considerar que não estamos entregues à própria sorte. Deus vela por nós, enviando-nos seus mensageiros, que nos fortalecem e estimulam para que sigamos firmes na jornada humana.

Problemas e dores que surgem a cada momento são próprios deste mundo de provas e expiações, habitado por coletividades que sequer atingiram o estágio de humanidade, com a consciência da paternidade divina. Somos todos irmãos! Quando, mais do que compreender, sentirmos essa realidade, estaremos em paz.

Durante trinta minutos Carlos falou com propriedade sobre a importância de confiarmos nos desígnios divinos, buscando fazer o melhor, como recurso indispensável para que jamais desanimemos e tenhamos condições para enfrentar os desafios da experiência humana como alunos aplicados na escola da vida.

Suzana ouvia emocionada aquelas noções, que lhe ofereciam novas perspectivas, sobretudo, por serem apresentadas por aquele homem cuja presença tanto a sensibilizara.

Após os trinta minutos iniciais, Carlos dispôs-se a responder a perguntas formuladas por escrito pelos presentes.

Uma senhora fazia a leitura.

Embora Carlos não tivesse abordado diretamente o problema do suicídio, as perguntas demonstravam que o público presente preocupava-se com o assunto.

– O suicídio pode ser algo determinado pelo destino, uma espécie de carma?

– Em absoluto! Ninguém reencarna com esse compromisso. O suicídio é um ato de desatino, jamais um destino.

– Pode ocorrer o suicídio por influência de Espírito obsessor?

– Sim, mas considerando que o Espírito sugere, não obriga. Imaginemos alguém no alto de um edifício. Nenhum obsessor o obrigará a atirar-se, mas poderá sugerir: – Salte, vai ser bom para você!

– Não podem os mentores espirituais intervir, evitando que o candidato ao suicídio consume seu intento?

– Eles o fazem o tempo todo, mas nem sempre conseguem demover seus tutelados dessa ideia sinistra. Podem valer-se de familiares e amigos, inspirando-os para uma intervenção direta. Difícil é encontrarem instrumentos receptivos.

– O suicida pode perturbar familiares, incutindo-lhes a mesma ideia de autoaniquilamento?

– O suicida geralmente fica confinado em regiões de sofrimento no mundo espiritual, ligado a outros Espíritos em idêntica condição, por afinidade vibratória. Familiares podem ter o mesmo impulso, não por ação do suicida, mas por deixarem-se influenciar pela ideia.

– Quanto tempo o suicida levará para recompor-se?

– É variável. Depende das condições intelectuais e morais do suicida, mas o prazo mínimo, segundo Chico Xavier, seriam duzentos anos para consertar os estragos em sua biografia espiritual e em seu perispírito.

– Outrora se afirmava que era inútil orar pelos suicidas, irremediavelmente confinados no inferno! É assim mesmo?

– Ideia equivocada. Dizem os suicidas que as orações de familiares e amigos constituem abençoado refrigério para suas almas atormentadas.

– Pessoas que se atiram de edifícios em chamas serão enquadradas como suicidas?

– Não, porquanto a temperatura quando o fogo se alastra por um edifício é elevadíssima, algo capaz de literalmente derreter o indivíduo. Saltar para o abismo é mero gesto instintivo de defesa.

Durante quarenta minutos Carlos respondeu às mais diversas questões relacionadas com o suicídio, com esclarecimentos simples, sintéticos, mas preciosos, que certamente ajudariam muitos a superar a tendência de optar pela fuga ante os problemas existenciais.

Suzana admirava-se da desenvoltura de Carlos. Nenhuma pergunta deixou de ser respondida, nenhuma dúvida deixou de ser sanada.

– Impressionante – comentou com José Maria, ao final da reunião – como Carlos encontrou resposta para todas as dúvidas, com explicações racionais para os problemas humanos.

– Sabe quem é o responsável por isso? – perguntou, sorridente, José Maria.

– Não...

– O Espiritismo, minha filha. A Doutrina é obra de Jesus na Terra, cumprindo sua promessa de que mais tarde enviaria o *Consolador, o Espírito de Verdade*, que lembraria seus ensinamentos e traria lições novas para a humanidade. Com os princípios da reencarnação, mediunidade e causa e efeito, considerando que estamos todos em jornada evolutiva, podemos equacionar qualquer problema humano.

– Um fora do noivo, por exemplo – sorriu a jovem...

– Também, mas esse é um problema simples. Em pouco tempo você verá que nem chegou a ser um problema. Seu noivo não fazia parte de seu destino...

– Concordo. Fico envergonhada só em pensar que cheguei a cogitar dessa bobagem, embora a questão ande a rondar-me, desde a morte de meu irmão.

– Seu irmão não se matou.

Suzana não cessava de surpreender-se com José Maria.

– Como assim?

– Ele não se matou.

Olavo, irmão de Suzana, suicidara-se havia doze anos. Fora um rude golpe para ela e Rosália.

Era um rapaz bem-humorado e carinhoso, de bem com a vida.

Bancário, ganhava pouco, mas suficiente para seus gastos modestos, e ainda colaborava com as despesas do lar, somando-se aos rendimentos de Rosália.

Suzana ainda era uma adolescente.

O suicídio acontecera depois de um período conturbado em que ele apaixonara-se por Jussara, filha de Josafá, juiz de direito.

Ambos se amavam muito, mas Josafá opunha-se ao casamento com aquele *pobretão.*

Além do mais insistia que ela estava prometida ao seu primo Rogério, rico industrial.

Chegaram Olavo e Jussara a cogitar de uma fuga para realizar seu sonho, mas o pai a prendera em casa.

Para desespero da jovem, que estava grávida, Olavo suicidara-se por enforcamento.

Fora um rude golpe para Rosália, que tinha no filho uma das razões de sua existência.

Sofrera muito e nunca pudera entender por que o filho optara por aquela deserção, ele sempre tão otimista, tão cheio de vida!

***

Suzana estava aturdida com a afirmativa de José Maria.

– Ele não se matou? – repetiu, perplexa.

Acentuou a indagação:

– Como pode ser isso, se foi encontrado enforcado numa árvore, em terreno baldio?...

– Desculpe, Suzana – falou, sensibilizado, José Maria. Apenas repeti o que Olavo revelou.

– Ó meu Deus! Até o nome de meu irmão...

– Calma, menina, calma...

– Estou tentando acalmar-me, mas é difícil. O senhor não sabe o quanto minha mãe sofreu com a morte de Olavo, principalmente por tratar-se de um suicídio. Poderia explicar?

– Olavo já não está aqui, Suzana.

– Não se matou... Pelo que Carlos explicou, os suicidas sofrem muito. Ficam desfigurados, trazem marcas do suicídio... Olavo estava assim?

– Não, Suzana, pelo contrário. Está bem! Bem mesmo... Certamente não foi um suicida.

– E não dá para saber o que aconteceu?

– Seria avançar demais, minha filha. Nosso trabalho não é policial. Creio que Olavo pretendeu apenas tranquilizá-la quanto à sua condição. E ele está com Rosália, felizes os dois por você estar aqui.

– Mas e a memória de meu irmão? O suicídio é sempre encarado como uma fraqueza, um gesto de fuga... A própria jovem que o amava certamente terá experimentado um grande desgosto.

– Pelo que estou observando, Suzana, é melhor não cogitar do assunto. Não sabemos das implicações e não foi essa a intenção de seu irmão quando me informou. Acredito que ele nem mesmo está preocupado em *limpar o nome*, como muitos pretendem. Para o Espírito que enfrenta situações dessa natureza o que importa é estar limpo diante da própria consciência. Foi o que senti em Olavo. Ele está tranquilo.

Suzana silenciou, mas ainda não estava conformada. Depois de tantos anos, pouco poderia ser feito, mas pelo menos haveria de tentar.

O futuro lhe reservaria outras surpresas nesse particular.

Capítulo 5

NOVOS RUMOS

A partir daquelas experiências impactantes, Suzana mudou suas concepções de vida, seu jeito de ser.

Luiz Gustavo, que em princípio lhe parecera tão importante, ficou sepultado no passado.

Admirava-se de como a imagem do noivo apagara-se rapidamente de sua tela mental.

Comentou com José Maria, que se tornara seu confidente:

– Fico impressionada com a facilidade em deixar de lado um namoro de dois anos e todo um planejamento que eu estava fazendo para o casamento... Fico surpresa principalmente ao considerar que foi ele quem rompeu o namoro, o que mexe com nosso ego.

– É simples explicar, Suzana. Foi uma ilusão, que atendeu ao seu natural desejo de relacionar-se afetivamente. Ilusões passam depressa, principalmente quando surge outro alguém...

Ele falou risonho, sorriso de cumplicidade que ela correspondeu, a considerar, intimamente, a impossibilidade de esconder sentimentos diante daquele homem admirável, capaz de ler o íntimo das pessoas.

– Encontrei alguém?

– Nós sabemos que sim, Suzana, mas vá devagar. Ele é viúvo e tem uma história triste em seu passado. Carlos lhe contará oportunamente. Só lhe peço que mantenha seus sentimentos nos domínios da amizade, evitando lances de passionalidade que não lhe farão bem.

Suzana bem gostaria de perguntar detalhes a José Maria, mas entendeu nas reticências do médium que era melhor não aprofundar o assunto.

Apenas comentou, em tom lastimoso:

– Diante dessa situação diríamos que Carlos pode ser mais uma ilusão?

– Posso afirmar que não, minha querida. Situações dessa natureza não são ocasionais. Tenha paciência. Por enquanto considere mais a alegria de uma amizade sincera do que a realização de um desejo, a conjugar um pouco de prazer e muito de arrependimento.

Que seja, então – refletiu Suzana com seus botões. – Melhor uma grande amizade do que uma frustração amorosa.

***

Suzana passou a frequentar assiduamente o *Aprendizes do Evangelho*. Pelo menos duas vezes por semana participava das reuniões públicas.

Inscreveu-se num curso de Espiritismo e Mediunidade, aplicando-se no estudo da Doutrina, contando sempre com o apoio e a orientação de José Maria e Carlos.

Percebia, cada vez mais intensamente, que o encontro com ambos fora muito mais um reencontro.

Sentia isso em cada contato, em cada conversa fraterna que tanto a alegrava.

O próprio estudo da Doutrina Espírita não parecia novidade. Fã incondicional de Sócrates e Platão, experimentou agradável surpresa ao saber que ambos haviam participado da Codificação Espírita, nascida do esforço de Allan Kardec.

Lembrava-se bem da afirmativa de Sócrates de que aprender é recordar. Trazemos conhecimentos de pretéritas existências que afloram ao longo do tempo.

Exatamente o que acontecera em relação ao Espiritismo. Era tudo uma recordação feliz, tão feliz quanto a certeza de que guardava laços indeléveis com José Maria e Carlos, remontando a séculos do pretérito.

***

A primeira consequência daqueles estudos, da nova visão do mundo e das pessoas, desdobrada pela Doutrina Espírita, aconteceu na escola.

Mudou seu jeito de ser e sua visão dos alunos. Antes procurava evitar contatos com aqueles de temperamento difícil.

Agora, via neles adolescentes com problemas existenciais pesando em seu comportamento.

Com a ajuda do Espiritismo e dos bons Espíritos, esperava nunca mais deparar-se com o suicídio de um educando sob seus cuidados.

Dedicava todo seu empenho nesse particular. José Maria a orientava:

– Tenha em mente que seus alunos são Espíritos em evolução. Trazem tendências boas e más, herdadas de si mesmos, de pretéritas existências. Esqueça o mestre impositivo, que fala de cátedra, dono da verdade. Seja amiga de seus alunos. Se conquistar sua amizade terá condições para ajudá-los a superar suas limitações.

***

Após uma reunião de sábado, José Maria, que fazia questão de dar carona a Suzana, pediu a Carlos que o substituísse, em virtude de um compromisso.

No automóvel, pela primeira vez, Carlos dispôs-se a falar algo de si mesmo, ante uma observação de Suzana:

– Desculpe-me, Carlos, se lhe parece intromissão indevida, mas noto que você é sempre reticencioso sobre sua vida pessoal, seu casamento, sua viuvez… Se eu puder ajudar…

Surpreendeu-se com a resposta.

– Você tem ajudado, Suzana, mesmo sem perceber. Nossa convivência oferece-me momentos de descontração e alegria. É gratificante tê-la por amiga. Quanto à minha intimidade, nunca se perguntou o porquê de minha participação assídua nas reuniões públicas de auxílio às pessoas às voltas com problemas de suicídio? Por que me empenho tanto em evitar que cometam esse gesto tresloucado?

– Vejo em sua dedicação a realização de um ideal humanitário, o empenho de servir… Tanto você como José Maria merecem meu maior respeito pelo trabalho que fazem, bem como os demais participantes do *Aprendizes*. Raras pessoas guardam essa preocupação. O mundo seria bem melhor se todos nos sensibilizássemos com as dores alheias, com os males que afligem o próximo, a inspirar a fuga da existência humana. Ficamos em zona de conforto, como se nada tivéssemos a ver com as carências de nossos irmãos.

– Concordo, mas a motivação maior diz respeito à minha experiência pessoal. É difícil, até constrangedor falar a respeito…

Suzana surpreendeu-se com a entonação de tristeza em suas palavras. Sentiu imenso carinho por ele, uma vontade quase incontida de acariciar sua mão, mas conteve-se.

– Desculpe, Carlos, não quero ser inconveniente.

– Tudo bem, Suzana, é até bom desabafar. A razão pela qual me empenho nesse trabalho é simples: complexo de culpa.

– Culpa?

– Sim, minha esposa suicidou-se no dia em que completamos cinco anos de casados.

Suzana jamais poderia imaginar Carlos numa situação daquela natureza, logo ele que se empenhava em salvar pessoas da iniciativa infeliz.

– Que tristeza, Carlos... Imagino seu sofrimento, mas por que o complexo de culpa?

– Envergonho-me de dizer. Estou certo de que todo apreço que você tem por mim vai evaporar-se ao saber que me envolvi com uma colega de trabalho. E não tinha nem a desculpa de viver mal com a esposa. Ela era dócil e dedicada ao lar. Foi uma lamentável fraqueza minha. Se algo posso alegar em defesa, é que eu não era espírita, simplesmente não tinha religião...

Carlos enxugou lágrimas que insistiam em rolar de seus olhos, e continuou:

– Em nosso aniversário de casamento, Eunice recebeu um telefonema anônimo expondo minha ligação com riqueza de detalhes, de tal forma que não tive como negar. Num gesto de desespero ela atirou-se do oitavo andar do edifício onde morávamos.

– Meu Deus! – balbuciou Suzana, sensibilizada, – Desculpe, vamos mudar de assunto...

Como se não a ouvisse, inteiramente tomado agora por suas reminiscências doridas e pela necessidade imperiosa de desabafar, abrindo seu coração, Carlos continuou:

– Foi a maior tragédia de minha vida. Durante meses virei um trapo humano, até que José Maria entrou em minha vida.

– Foi no táxi mágico? – comentou, espontânea, Suzana.

Carlos, agora mais descontraído, explicou:

– Foi em meu apartamento, num dia em que eu estava muito deprimido, em licença médica. Dois anos haviam passado desde a tragédia que marcou minha existência, e eu não conseguira voltar à normalidade.

Procurando conter as lágrimas, que exprimiam bem sua sensibilidade, continuou:

– Eu não o conhecia. Ele se apresentou e para surpresa minha enfatizou que eu não estava ajudando Eunice. Se queria realmente ampará-la, tratasse de voltar à normalidade e me empenhasse num trabalho de cunho espiritual.

Carlos enxugou as lágrimas e completou o relato:

– Isso aconteceu há cinco anos. Passei a frequentar nosso Centro, interessado em assimilar os princípios abençoados da Doutrina Espírita. Quando sentiu que eu estava preparado, José Maria propôs-me participar da reunião pública que cuida de pessoas às voltas com a problemática do suicídio. Desde então, reservei parte de meu tempo, na banca de advocacia, para trabalhar no Centro. Com a ajuda de nossos mentores, temos alcançado bons resultados, mas ainda há muito a fazer. O suicídio assume hoje, no mundo todo, características epidêmicas, sem que as pessoas tenham a mínima noção do abismo em que estão mergulhando.

Ao chegarem em seu apartamento, Suzana despediu-se de Carlos, impressionada com seu relato. Jamais poderia imaginar que aquele homem inteligente, dedicado ao trabalho no Centro, carregasse uma tragédia em seu passado.

Ele tomou a mão dela entre as suas e a beijou delicadamente.

Então Suzana percebeu que ela não lhe era indiferente. Fiel à orientação de José Maria, conteve o impulso de abraçá-lo e despediu-se.

– Boa noite, Carlos. Fique com Deus, meu amigo!

– Boa noite, Suzana. Durma com os anjos!

Capítulo 6

ALÉM DAS MÃOS

O tempo passou rápido para Suzana. Quatro anos se desdobraram desde o dia em que entrara no táxi de José Maria, mudando sua vida, sua maneira de ser.

Estudando sempre, em breve estava integrada nas atividades do *Aprendizes*, participando ativamente da reunião especial do sábado.

Ajudava nas entrevistas e nos passes.

José Maria e Carlos centralizavam agora suas atenções, irmãos queridos, muito importantes em sua vida.

O primeiro era como um pai atento e amoroso, sempre pronto a orientá-la e, não raro, transmitindo-lhe recados de sua inesquecível mãezinha.

Quanto a Carlos, ampliava-se sempre o carinho por ele e a certeza de que ambos acabariam juntos, quando ele desse por finda a penitência que se impusera.

De qualquer forma, dava-se por satisfeita em manter um relacionamento platônico, feliz simplesmente por conviver com ele, exercitando um amor que se realizava em si mesmo, pelo empenho em contribuir para o bem do ser amado, ambos empenhados em servir.

Se vivenciasse aquela situação antes dos acontecimentos que a aproximaram do Espiritismo, talvez lhe parecesse absurda tal situação.

Agora era diferente. A Doutrina Espírita colocara ordem em sua vida íntima, mudando sua visão do mundo.

Sentia como se uma venda houvesse sido afastada, permitindo-lhe uma visão objetiva dos problemas humanos, como alguém que encontra o fio condutor para montar com precisão um quebra-cabeça, a deixar o labirinto das ilusões.

Mais do que um encontro consigo mesma, o Espiritismo lhe proporcionará condições para um encontro com sua missão, com o que viera fazer na Terra, como mulher, como professora, como participante daquela doutrina maravilhosa que emprestava significado e objetivo à existência humana.

Carlos, por sua vez, guardava idênticos sentimentos, convicto de que ambos se bastavam pela presença um do outro, até que ele se sentisse livre para uma nova experiência afetiva, o que no seu entender só poderia acontecer quando Eunice estivesse bem.

Alguém que apreciasse a situação de forma superficial julgaria absurdo aquele "dar tempo para o amor", sem compreender que, como diria Shakespeare, *o amor tem razões que a razão desconhece.*

Pelo menos uma vez por semana, Carlos a levava de retorno ao seu lar.

Geralmente paravam numa lanchonete e conversavam muito, abordando os assuntos do cotidiano, falando de seus ideais e sonhos, percebendo, cada vez mais, como era grande a afinidade que os unia.

Havia tal consciência entre ambos de que não deviam ultrapassar os limites da amizade, que jamais ela o convidou a entrar em seu apartamento.

Tudo o que havia de mais íntimo entre ambos limitava-se ao momento da despedida, em que ele beijava suas mãos, no que era imediatamente correspondido por ela.

Numa dessas ocasiões, ela disse, emocionada:

– Se um gênio aparecesse e me oferecesse a oportunidade de realizar um desejo, sabe o que pediria?

E para surpresa e enlevo dele:

– Que me permitisse levar comigo suas mãos. Quando toco nelas faz-se o céu em meu coração.

Ele sorriu, feliz:

– Prometo-lhe que um dia lhe darei não apenas minhas mãos, mas o meu coração, a minha vida.

Capítulo 7

NOVA TAREFA

Após uma das costumeiras sessões de sábado, José Maria convocou os membros do grupo para uma reunião.

Estavam presentes, além de Suzana e Carlos, companheiros dedicados:

Estefânia e o marido Altamiro, ambos aposentados no serviço público, com filhos casados, e tempo livre que ocupavam muito bem participando dos serviços do Centro.

Angélica, viúva, que conservava expressão jovial não obstante seus sofridos sessenta anos. O marido e o único filho haviam falecido num acidente. Encontrara no Espiritismo seu porto seguro, seu consolo abençoado.

Sidônio, divorciado, juiz aposentado, revelava grande conhecimento da Doutrina Espírita, palestrante eficiente e, sobretudo, dedicado à reunião de sábado, que considerava a mais importante do Centro.

Letícia e Brandão era o casal que completava o grupo. Como Suzana, eram professores de meia idade, que, com grande habilidade, dividiam bem o serviço profissional com os cuidados dos filhos, já adultos, mas solteiros, e os trabalhos no Centro. Letícia era um dos bons médiuns do grupo.

– Todos sabemos – começou José Maria – da importância do trabalho de sábado para pessoas cujos familiares cometeram suicídio ou pensam em fazê-lo. Não obstante, mais importante que consolar e esclarecer familiares, será evitar que as pessoas cometam essa loucura. É difícil, porquanto os suicidas são imprevisíveis e nem sempre falam de sua intenção.

– Realmente – concordou Carlos. – Nas entrevistas fraternas, dificilmente vemos candidatos ao suicídio abrirem-se, falando de sua intenção.

José Maria completou:

– Como sabemos, familiares e amigos desencarnados tentam ajudá-los, mas esbarram no problema da sintonia vibratória. Por outro lado, a utilização de intermediários é complicada, porquanto pede pessoas sintonizadas com os valores espirituais. Justamente por isso, Teotônio, representando a cúpula espiritual que dirige nossos trabalhos, sugeriu que nos organizemos e saiamos a campo, para convencer candidatos ao suicídio de que não é uma boa opção.

– E como saberemos a quem procurar? – perguntou Sidônio.

– Os mentores pretendem utilizar-se de minha sensibilidade mediúnica, passando as informações necessárias.

A orientação da espiritualidade foi acatada com entusiasmo por todos, ensejando a oportunidade maravilhosa de ajudar de forma efetiva aos candidatos ao suicídio, aproveitando a rara mediunidade de José Maria, um homem que parecia viver simultaneamente no plano físico e no plano espiritual.

Na verdade, caro leitor, se considerarmos que, segundo está em *O Livro dos Espíritos*, o Universo é constituído de Espírito e matéria, diríamos que a divisão plano físico e plano espiritual é um equívoco consagrado pelo uso.

Tudo é matéria e o que denominamos plano espiritual é apenas um plano menos material, ao qual, como Espíritos encarnados, não temos acesso, por estarmos revestidos de matéria densa que inibe nossas percepções. Médiuns como José Maria possuem uma sensibilidade que lhes permite superar as limitações do corpo para ver o que o homem comum não vê.

Capítulo 8

A CARTA SALVADORA

O senhor Fabiano Salustiano, competente médico obstetra, resolvera matar-se.

Simples assim.

Buscava redimir-se perante a esposa, com um testemunho marcante de seu amor. Renunciaria ao bem mais precioso, a Vida.

Isaura haveria de acolhê-lo no Além, em reencontro feliz que poria fim às suas amarguras, à dor de consciência que o torturava.

Casados havia trinta anos, dois filhos casados, três netos adoráveis, ele a estimulara a colocar silicone nos seios.

Em princípio procurara demovê-la do intento, a afirmar, sincero, que sempre a amaria, independente dos valores estéticos, que não resistem ao peso dos anos.

Acabou por mudar o discurso, passando a incentivá-la, ao sentir que ela desejava passar pela remodelagem física, mas tinha medo, muito medo...

Confiante nele, submetera-se à cirurgia e o pior acontecera. Houve complicações e ela faleceu.

***

Durante vários dias ele pesquisara, à procura de um veneno capaz de provocar violento ataque cardíaco. Não queria aparecer, perante os filhos, como suicida. Constrangia-se.

Agora que o encontrara, adquirindo-o com cuidado para não deixar evidências de sua iniciativa, abraçara os filhos e netos, pretextando viagem de repouso, no que fora estimulado por todos. Haveria de fazer-lhe bem.

À noite, em casa, preparava-se para tomar a dose letal, introduzida num doce. Não ficaria vestígio. Morando sozinho, pela manhã, ao chegar, a serviçal doméstica, o encontraria morto, vitimado por "*fulminante enfarte*", como diagnosticaria um amigo cardiologista, a quem se queixara de dores no peito, simulando um problema que não existia.

Antes daquela derradeira e fatídica degustação, ouviu a campainha.

Pela câmera viu um casal à porta. Não os conhecia. Melhor ignorá-los...

No entanto os visitantes insistiram. Resolveu atender, evitando especulações dos vizinhos.

– O que desejam? – perguntou pelo interfone.

– Trazemos uma carta para o senhor.

– Carta?... de quem?

– Dona Isaura...

Fabiano experimentou um sobressalto.

– Isaura?

– Sim, sua esposa. Ela insistiu que lhe disséssemos que o senhor não teve culpa.

Atordoado, o médico abriu a porta e os convidou a entrar.

Carlos explicou:

– Pedimos-lhe desculpar nossa intromissão, que pode parecer-lhe absurda. Somos Carlos e Suzana. É simples explicar. Participamos de um Centro Espírita onde sua esposa manifestou-se. Após contar o que aconteceu, remeteu-lhe a referida carta, que foi grafada mediunicamente.

Fabiano estava pasmo. Ninguém sabia, nem mesmo os filhos, de seu complexo de culpa pela morte da esposa. Agnóstico, considerara as coisas de Deus complexas demais. Adotara uma postura de indiferença em relação a qualquer religião. Agora, porém, era diferente.

Trêmulo, recebeu a carta e leu:

Meu querido Fafá...

O médico não resistiu às lágrimas que afloraram... Fafá! Era o apelido carinhoso que a esposa lhe dera, do conhecimento apenas da família... Impossível que aqueles desconhecidos soubessem.

Lutando por conter a emoção, continuou:

Não foi fácil deixar nossa casa, principalmente você, alma de minha alma, meu amigo, meu amor, minha vida! Sei agora que os desígnios de Deus são sábios e justos. A separação transitória é a oportunidade de avaliar nosso relacionamento com alguém, uma descoberta, tão importante, que deveríamos nos despedir dizendo um alô, nunca um adeus.

Esse espaço de tempo separados estava planejado. Deveríamos passar por isso. O que não estava previsto é que você ficasse com complexo de culpa e pretendesse redimir-se com a morte. Imploro, meu querido – não cometa essa loucura, que apenas nos manterá afastados por tempo imprevisível.

Lembro de suas confidências quando dizia-me que tinha dois grandes amores, eu e a medicina. Sempre admirei muito, e você sabe disso, seu carinho com os pacientes, um maravilhoso médico idealista, que vive para a medicina, não da medicina. Pois bem, meu querido. Aproveite os anos que lhe restam redobrando seus cuidados com os pacientes, prosseguindo nesse sacerdócio abençoado, a fim de que quando o Senhor aprouver que você retorne à vida espiritual nos reencontremos, reencetando nossa caminhada juntos, rumo ao infinito.

Deus o abençoe, meu amor!

Encostando a carta junto ao peito, como se abraçasse a própria esposa, Fabiano chorou copiosamente, lágrimas abençoadas, que lavavam seu desespero e iluminavam para sempre sua vida.

Despedindo-se, Carlos e Suzana, igualmente emocionados, deram o endereço do Centro, convidando-o a conhecer o trabalho de sábado, antevendo nele um futuro e dedicado colaborador.

Capítulo 9

O RETORNO DO ÍNDIO

Na reunião mediúnica, logo após a sessão pública de sábado, pessoas necessitadas de ajuda mais efetiva participavam da primeira parte, em que se estudava uma obra sobre mediunidade, com posterior leitura de uma lição do livro *Fonte Viva*, de Emmanuel, psicografia de Chico Xavier.

Logo em seguida os visitantes recebiam o passe magnético e retiravam-se.

No desdobramento do trabalho, faziam-se vibrações em favor de pessoas com problemas físicos ou psíquicos, a partir de um impresso onde estavam registrados nome, idade e endereço do paciente.

Trabalho muito bom. Frequentemente, na prática mediúnica, em seguida eram trazidos Espíritos que estavam perturbando alguém cujo nome fora objeto das vibrações.

Ao iniciar-se a parte prática, manifestou-se, por Letícia, um Espírito agressivo, que foi logo anunciando:

– É inútil qualquer providência da parte de vocês. O trabalho está quase concluído. Essa pessoa que vocês estão tentando ajudar já está nas portas do desespero. Basta um empurrãozinho e a teremos em breve entre nós. Antes de compadecerem-se, saibam que ela foi senhora de escravos e judiou muito, muito mesmo, dos infelizes sob seu domínio, inclusive eu. Agora pagará com juros.

Carlos, habituado a dialogar com Espíritos assim, sabia que seria inútil pretender modificar suas disposições com exortações tipo "Jesus recomenda o perdão! O Senhor não quer! Ela é uma filha de Deus, sua irmã..."

– Tudo bem, meu amigo. Não pretendemos qualquer interferência, mesmo por que não temos poderes para isso. Apenas uma constatação nos deixa perplexos. Se não me falha a memória, a escravidão foi abolida no final do século dezenove. Perto de cento e trinta anos se passaram e você continua empolgado pela vingança?

– É problema meu.

– Sem dúvida, mas você não está perdendo tempo? Não há coisas mais interessantes do que alimentar um propósito de vingança que o faz mais inquieto do que sua vítima?

– Já lhe disse que é problema meu. Não interfiram ou vão se dar mal.

– Esse é um problema para você resolver com nossos mentores. Somos apenas instrumentos de boa vontade, com uma convicção adquirida à custa de dores e experiências: só o bem constrói. Tudo que se oponha ao esforço do bem é má semeadura, que resultará em colheita de espinhos.

– Colherei todos os espinhos do mundo, mas nada impedirá, a mim e meus companheiros, de completar nossa vingança. Ela morrerá em breve e ficará à nossa mercê, inteiramente...

O Espírito calou-se em meio à frase, surpreendido por alguém que, por intermédio de José Maria, falava firme:

– Isso é jeito de falar, Ubiraci?

O Espírito silenciou.

Pudessem os presentes vê-lo e perceberiam que ele estava atônito com aquela interferência...

José Maria continuou, transmitindo o pensamento da entidade.

– Sou eu mesmo, Jabulani, seu velho pai que não se cansou de recomendar-lhe humildade. Tudo teria sido mais fácil se você não se deixasse dominar pelo ódio. Está tão desatinado que nem sentiu o passar do tempo, tão perturbado que não consegue ver-me. Converso com você valendo-me deste instrumento, para tentar pôr um pouco de juízo em sua cabeça. É chegado o tempo de mudar, meu filho.

Letícia era excelente médium, contendo a exasperação do Espírito, como enfermeira firme. Ele bem gostaria de fazê-la gritar, esmurrar a mesa, levantar-se, mas ela o continha e filtrava seu pensamento, evitando gritos e palavrões...

José Maria, por sua vez, abria-se plenamente à influência benéfica de Jabulani, deixando-o à vontade para abençoada interferência...

– Você não está sendo sincero, Ubiraci. Não está contando a história toda. Seu empenho de vingança não é por maus tratos. Você não se conforma porque a sinhá moça o seduziu e depois o abandonou... É o orgulho ferido que o levou a enredar-se nessa vingança. E mais do que vingar-se, você deseja submetê-la ao seu domínio. Se isso acontecer, meu filho, ela retornará ao mundo espiritual como vítima de sua maldade e será recolhida em instituição na qual você não terá acesso, situando-se mais atormentado do que nunca!

Ao poderoso influxo mental do benfeitor espiritual, a se expandir no conteúdo de suas palavras, o obsessor foi se aquietando, terminando por entrar em choro convulsivo, do qual a médium dava notícia, pelas lágrimas que afloravam...

– Não me conformo, ela não podia fazer isso comigo. Usou-me durante anos e não vacilou em vender-me quando se cansou de mim!

– Eu sei disso tudo, meu filho, mas o que você poderia esperar de uma jovem senhora de escravos? Que se casasse com você? Ela o amava, mas seu orgulho jamais permitiria cogitar de algo mais sério. Com o casamento ela achou prudente descartá-lo, até em seu próprio benefício. Imagine o marido tomando conhecimento dessa ligação? Certamente mandaria matá-lo.

– Se ela me amava há de amar-me quando eu a recolher no retorno.

O mentor espiritual assumiu tom severo.

– Pense, Ubiraci. Se ela retornar pelo suicídio, não haverá a mínima condição de ficarem juntos, em face dos desequilíbrios decorrentes desse gesto infeliz.

– Não importa sua condição. Hei de retê-la junto a mim.

– Isso é insano, meu filho. Nessa condição, ao tomar consciência de que foi você quem provocou seu suicídio, haverá de odiá-lo.

O obsessor atormentava-se.

– Não posso, não posso! Depois de esperar tanto tempo para encontrá-la e colocá-la sob meu domínio, vem você a dizer que a liberte. O que será de mim?

– Você deveria fazer essa mesma pergunta, se consumada sua intenção. O que será de você, de seu futuro, de sua felicidade, oprimindo aquela que você diz amar? Os tormentos que tem experimentado nestes anos todos são pálida visão do que o espera se continuar nessa iniciativa insana.

–Não sei, não sei o que fazer... – balbuciava o obsessor, sentindo-se vencido e exausto...

Pouco depois, ao influxo magnético do benfeitor espiritual, ele adormeceu.

Jabulani explicou:

– Vamos levá-lo a uma instituição socorrista. Ele dormirá por algum tempo. Não está convencido, ainda, de que deve mudar. Há um longo trabalho pela frente. É preciso aproveitar essa pausa no processo obsessivo e ajudar sua vítima.

Encerrada a reunião, José Maria comentou:

– A ligação desse Espírito com Cecília, jovem obsidiada que estamos atendendo, vem de longe. Filha única, família de classe média, ela tem sido influenciada desde a adolescência por esse Espírito, que lhe provoca surtos de depressão, marcados pelo desejo de matar-se. Quando desencarnada, ela foi subtraída de sua influência, recebeu tratamento adequado e reencarnou sob a proteção de Jabulani.

Esse nobre Espírito tem forte ligação com os índios escravizados pelos colonos portugueses e procura demover de seus propósitos aqueles que pretendem vingar-se de seus antigos senhores, que tanto os oprimiram.

Ao reencarnar, tão logo atingiu a adolescência, foi localizada por Ubiraci no novo corpo, pela sintonia entre ambos, desde épocas recuadas.

Ubiraci passou a acompanhá-la, como um amo que vigia sua escrava, invertendo as posições do passado. Quando ela ficou noiva, ele, inconformado, pretendeu levá-la ao suicídio, para tê-la junto de si. Agora com Ubiraci afastado, ela terá relativa tranquilidade e se casará em breve.

– E como será no futuro? – perguntou Suzana.

– Segundo informam nossos mentores, o problema será solucionado com a reencarnação de Ubiraci, tendo-a por mãe.

– E se ele não aceitar? – perguntou Suzana.

– Aí, competirá aos mentores espirituais decidir. Se conveniente, poderão providenciar uma compulsória.

– Compulsória?

– Sim, ele retornará à carne ainda que não o deseje. Com isso será invertida a situação. Será ela quem o influenciará, na condição de seu filho.

– E como será o seu relacionamento?

– Um misto de amor e ódio. Eles próprios não saberão definir o porquê de tão grande amor entre ambos e, não obstante, momentos de grande animosidade, inspirados nas mágoas do passado. Mas o amor acabará triunfando, harmonizando-os. Essa é a vontade de Deus, que não falha jamais em seus objetivos.

Carlos ponderou:

– Lembra o complexo de Electra, versão feminina do Complexo de Édipo, ambos propostos por Freud.

José Maria sorriu e, revelando uma vez mais seus conhecimentos, esclareceu:

– Faltou a Freud admitir a reencarnação, evitando generalizações. A maior afinidade dos filhos com o pai ou a mãe atende às ligações do passado, não à suposta atração sexual do filho com a mãe ou da filha com o pai.

– Abençoada reencarnação – enfatizou Letícia –, uma dádiva divina para os ajustes de seus filhos.

– Sem dúvida – completou José Maria. É a chave mágica que nos permite decifrar os enigmas do comportamento humano.

***

Conforme previsto pelos mentores espirituais, com o afastamento de Ubiraci a jovem Cecília reequilibrou-se, livrando-se de ideias suicidas e casou-se com Amilcar, jovem de raros predicados, participante de uma igreja evangélica.

Um ano depois o lar de ambos foi abençoado com o nascimento de birrento menino, que só se acalmava quando Cecília o tomava em seus braços carinhosos.

O nome já fora definido por ela, desde a constatação da gravidez: Ubiraci.

O marido bem que gostaria de colocar um nome bíblico, mas respeitou o desejo da esposa.

Jamais saberia que fora num Centro Espírita, que, ele, dentro de sua crença, imaginava-se "a casa do demo", que se iniciara a libertação de Cecília.

Capítulo 10

MORTE POR "ACIDENTE"

Carmem Lúcia, senhora relativamente jovem, em boa condição financeira, não encontrava paz, desde a morte do marido Agnaldo, dois anos antes, em acidente de carro, quando realizava uma viagem de negócios ao norte do país.

Sonhava, em imagens nebulosas e perturbadoras, com um homem desconhecido, a reclamar:

– Seu marido é um criminoso! Há de arder no inferno para sempre! Provocou minha morte para atender aos seus interesses.

Não entendia o porquê daqueles sonhos.

Seu marido era um homem de bons princípios, zeloso do bem-estar da família, que adorava. Dizia que ela era a mulher de sua vida e os três filhos, flores abençoadas que enfeitavam o jardim de sua existência.

Tão zeloso que deixara um seguro de vida de vultosa importância, que lhe garantia vida tranquila, futuro sem problemas.

Embora a reunião de sábado, no *Aprendizes do Evangelho*, não fosse a mais apropriada, Carmem compareceu, evitando enfrentar o frio da noite, que lhe agravava impertinente bronquite.

Foi atendida por José Maria.

Falou dos sonhos que a deixavam perturbada.

Teotônio, que o assistia, informou ao médium:

– O caso é complicado. O marido de nossa irmã provocou a colisão que o matou, simulando acidente para que um polpudo seguro de vida fosse pago à família. O Espírito que a senhora vê é o motorista que morreu no choque frontal com o caminhão que conduzia. Era o seu ganha-pão. Não tinha seguro e sua família está em situação difícil. Não tendo acesso ao causador do acidente, ele a procura, a cobrar ajuda à sua família.

"O que faço?" – indagou intimamente José Maria.

– Oriente a esposa para o serviço de passes, enquanto tomamos as providências necessárias.

Obediente, o médium informou à consulente:

– Dona Camem, nossos mentores tomarão as devidas providências. A senhora iniciará hoje o tratamento com passes magnéticos e na próxima semana certamente teremos a resposta às suas dúvidas.

– Darão um jeito nos sonhos?

– Fique tranquila. Faremos o que for possível.

***

Após a sessão pública, reuniu-se o grupo mediúnico.

Estudos realizados, entraram na parte prática, sob a direção de Carlos, com a presença do pessoal de sempre.

Manifestou-se Teotônio, servindo-se de José Maria:

– Meus irmãos, temos hoje um caso diferente, para o qual solicito a mesma discrição de sempre da parte de todos. Vamos ajudar nossa irmã Letícia para que ela dê passividade a uma entidade que nos explicará seu problema.

Em seguida manifestou-se um Espírito, consciente de seu estado, mas em grande agitação.

– Meu nome é Celestino. Morava em Recife e ganhava o sustento da família como motorista de caminhão, velho caminhão que comprei com muito sacrifício. Venho falar-lhes de um crime, desses que a justiça dos homens não alcança. Nem mesmo é definido como crime. Eu fui assassinado friamente por alguém interessado em defender seus interesses. Em minha última viagem, em estrada pelo sertão agreste, colidi de frente com um automóvel que vinha em alta velocidade. O choque foi violentíssimo. O carro foi inteiramente destruído, bem como a frente do caminhão. Perda total para os dois veículos. Morremos eu e o outro motorista.

Os participantes da reunião acompanhavam, assombrados, a insólita história, enquanto o Espírito acentuava:

– Estive por bom tempo perturbado e aflito, sem perceber o que tinha acontecido. Aos poucos tomei consciência de minha situação. E foi assim, invisível aos homens, que fiquei sabendo da verdade. O motorista que provocou a colisão simulou acidente para que a esposa recebesse o seguro. Desde então eu o procuro para tomar satisfação, mas o que sei é que ele está segregado em sombria região destinada aos suicidas, onde espero fique para sempre.

Buscando acalmar o Espírito, Carlos aproveitou a pausa na narrativa, apelando:

– Realmente, meu irmão, sua tragédia é terrível, mas, em seu próprio benefício, peço-lhe que não guarde rancor. Como você mesmo comenta, a justiça está sendo feita.

– Sim, para o criminoso, não para mim e minha família. Deixei esposa e três filhos que passam por privações desde o acidente.

– E como podemos ajudá-lo?

– O miserável garantiu polpudo seguro de vida para sua família. Por justiça quero metade para a minha, ou não darei sossego à viúva.

– Tudo bem, faremos o que estiver ao nosso alcance. Por ora, peço-lhe que deixe de perturbá-la. É preciso que esteja bem, a fim de que nos ajude.

– Posso confiar em vocês?

Carlos enfatizou:

– Meu irmão, estamos reunidos em nome de Jesus. Creio que isso responde à sua pergunta.

– Está bem, vou confiar.

A entidade afastou-se e José Maria comentou:

– Teotônio está recomendando que informemos a viúva. Ela precisa saber.

No dia seguinte, pela manhã, José Maria telefonou-lhe:

– Bom dia, dona Carmem. É José Maria, do *Centro Espírita Aprendizes do Evangelho*. Desculpe incomodá-la em pleno domingo. Estou ligando para saber se pode nos receber em sua casa.

– Sem dúvida, será um prazer.

Uma hora depois o médium, Carlos e Suzana chegavam à ampla e confortável residência, em bairro nobre.

Feitas as apresentações, e após instalarem-se em espaço reservado, Carlos informou:

– Dona Carmem, o que temos a dizer-lhe é de gravidade, mas desde já lhe prometemos discrição. É para falar sobre seu marido.

– Meu marido? Algo que não estou sabendo? O senhor me assusta!

– Desculpe, não é nossa intenção. A senhora tem informações sobre o acidente que o vitimou?

– Quase nada. Foi numa região agreste, quase deserta, nem houve condições para lá comparecermos. Um amigo providenciou o translado do corpo. Tudo o que sabemos é que houve uma colisão com um caminhão. Morreram Agnaldo e o motorista do outro veículo.

– A partir de informações da espiritualidade, estamos sabendo que o acidente que o vitimou foi intencional.

– Intencional? Não entendo!...

– Pode parecer-lhe estranho, mas quem nos passou a informação foi o motorista do caminhão.

– Estou ainda mais surpresa. Ele não morreu no acidente?

– Sim. Manifestou-se em nossa reunião mediúnica.

– Meu Deus! Que estranho! E o que ele disse?

– Seu marido provocou o acidente, a fim de não parecer suicídio sua morte, evitando possível problema com o pagamento do seguro.

Carmem debulhava-se em lágrimas.

– Agoro entendo sua tristeza nos últimos dias. Quando ele se despediu para uma viagem de negócios ao norte do país, foi como um adeus. Estava muito triste. Chorou ao nos abraçar. Causou estranheza em mim e nas crianças. Depois soubemos que nossa empresa estava quase falida e que o seguro de vida nos salvou, mas jamais poderia imaginar que ele optasse por essa solução horrível, sacrificando-se e cometendo um crime para nos proteger.

– Infelizmente, dona Carmem, são as loucuras do amor mal-orientado. Em nome dele cometemos muitos desatinos...

– E agora, o que faço?

– A reivindicação do motorista morto é justa. É preciso atender à sua família, que mora em Recife e vem passando por graves privações.

A viúva era uma mulher de bons princípios e não teve dúvida em aceitar a orientação que vinha do mundo espiritual.

***

Em seu táxi, de retorno ao Centro com Carlos e Suzana, José Maria comentou:

– Quando eu era adolescente gostava de uma história em quadrinhos, cujo personagem principal, que se apresentava como *O Sombra*, tinha um bordão famoso: *Ninguém sabe o mal que se esconde no coração humano. O Sombra sabe*!

E após breve pausa:

– Pois é, meus queridos! Quem poderia imaginar alguém planejando a própria morte em suposto acidente para garantir a segurança da família...

– Fico imaginando – comentou Carlos – como deve ser grande o número de suicidas que adotam sutilezas dessa natureza, por constrangimento ou interesse.

– Tenho uma dúvida – disse Suzana – e não posso perder a oportunidade de ouvi-los a respeito, meus mestres.

– Seus colegas, minha filha – sorriu José Maria. Somos todos aprendizes.

– Aprendizes bisonhos – completou Carlos – que costumamos fazer diferente do que nos ensina a Doutrina.

– Mas sabem mais do que eu – sorriu Suzana. – Por isso pergunto-lhes: as privações da família do motorista compõem um quadro cármico? Deveria passar por isso?

Carlos ponderou:

– Nada do que aconteceu tinha o selo do destino. Caso contrário o suicida estaria justificado como instrumento para que tudo acontecesse.

– Concordo – completou José Maria – Há uma questão esclarecedora em *O Livro dos Espíritos,* de número 746, em que o mentor explica que o assassino assume grande responsabilidade, por cortar a existência de alguém, impedindo-o de cumprir seu carma ou missão.

Suzana estava impressionada.

– Isso significa que todos os personagens dessa tragédia, o motorista e o suicida, bem como as respectivas famílias, tiveram seu planejamento de vida alterados. É preocupante!

– Debitemos tudo isso à imaturidade humana. Não podemos esquecer que a Terra é um planeta de expiação e provas, habitada por Espíritos orientados pelo egoísmo, que sempre inspira desvios, mas a espiritualidade está atenta. Por isso há sempre planos alternativos, sob inspiração de nossos mentores, a fim de que não nos percamos nos caminhos da vida.

Suzana passou o resto da viagem de retorno ensimesmada, pensando em sua própria experiência.

Não via em Carlos um plano alternativo. A seu ver Luiz Gustavo fora um desvio de rota, fruto de seu anseio por um relacionamento afetivo. Desde o primeiro momento sentia que Carlos era o homem de sua vida. E a esposa de Carlos, seria, também, um desvio? Ou um compromisso? Eram questões perturbadoras.

Melhor seguir do jeito que dá – concluiu, desfrutando da amizade daqueles dois homens que davam colorido à sua existência. Não podia imaginar-se longe deles.

***

Em Recife, bairro humilde, residência modesta, uma mulher estava à beira do desespero.

Desde a morte do marido, Celestino, em acidente com seu caminhão, há dois anos, a situação vinha se agravando.

O caminhão, sustento da família, não estava no seguro. A perícia, precária na região remota onde ocorrera o acidente, encerrara o caso, situando-o por fatalidade, sem culpados.

Minguadas economias esfumaçaram-se em poucos meses.

Ela tentava suprir as necessidades como faxineira, esforço insuficiente, principalmente diante das despesas com o tratamento médico de Júnior, saúde frágil agravada pela ausência do pai, que era o seu herói.

Bem que surgiam homens oferecendo ajuda, meros engodos. O que desejavam mesmo era aproveitar-se de sua situação, acenando-lhe com a prostituição.

Ela reagia com indignação.

Jamais faria comércio de seu corpo, uma afronta à sua dignidade e à memória de seu amado Celestino.

O problema agora era o aluguel da modesta residência, vencido há três meses. O proprietário, zeloso de seus interesses, estava providenciando o despejo, que se consumaria em breves dias.

Aproveitando a ausência dos filhos, que cumpriam a jornada escolar, Francisca orava, debulhando-se em lágrimas. Implorava a ajuda do marido.

– Ó, meu amado Celestino! Socorre-nos por misericórdia. Somente você, meu querido, poderá dar um jeito na situação. Sei que continua vivo e pode nos ver! Por favor, meu amor, não nos abandone!

Lembrava-se de como ele a confortava nas dificuldades, a dizer, animado.

– Coragem, minha boneca! Deus está presente! Tudo vai dar certo.

E sempre dava mesmo, ele fazia dar certo, mas agora ele não estava presente.

Puro engano!

Celestino sempre estaria ao seu lado nas dificuldades, e ela estava prestes a constatar isso.

Despertando de suas amargas cogitações, ouviu palmas à porta.

Abrindo-a, viu-se diante de Carmem Lúcia.

***

Acolhida na modesta sala, a visitante adiantou:

– Sou a viúva de Agnaldo, que se envolveu no acidente em que faleceu, juntamente com seu marido. Foi um rude golpe que transtornou totalmente a vida de nossa família. Imagino que o mesmo tenha acontecido com você. Minha vida, desde então, tem sido de tristeza e saudade. E tão mergulhada em meus problemas que não cheguei a pensar na família do outro motorista.

– É uma tristeza! – balbuciou Francisca, em lágrimas. – Celestino era a nossa segurança, em todos os sentidos. Com sua morte mergulhei num torvelinho que parece agravar-se a cada dia. Ainda agora estou com aviso de despejo desta casa, por não pagamento do aluguel há três meses. Tenho três filhos, que vêm sofrendo privações, sem que eu consiga os recursos necessários para uma existência tranquila. Estou entrando em desespero.

– Quanto a isso, fique tranquila – explicou Carmem. – Estou aqui para ajudá-la a resolver seus problemas. Você desenvolve alguma atividade profissional?

– Faço faxinas em residências, mas o trabalho anda escasso. Eu estava frequentando um curso de culinária, que tive que suspender após o acidente.

Carmem observara, desde logo, que Francisca tinha alguma instrução e conservava o casa em ordem, limpa e bem arrumada. Sua aparência era muito boa.

– Frequenta alguma religião? – perguntou.

– Meu marido era espírita e eu costumava acompanhá-lo nas reuniões de um Centro. Ultimamente nem tenho comparecido, às voltas com os problemas que se multiplicam desde o seu falecimento.

Um breve silêncio fez-se sentir.

Carmem avaliava a situação, cogitando de uma providência que atenderia a ambas. Medindo bem suas palavras, comentou:

– Desde o falecimento de meu marido, estou ocupada, buscando cuidar dos negócios da família. Preciso de alguém de confiança para morar em casa. Temos instalações confortáveis para uma zeladora. Se você estiver disposta, podemos acertar.

Francisca não resistiu às lágrimas, falando:

– Ah! Celestino, meu amor, Deus o abençoe. Tenho certeza de que é você fazendo dar certo.

Carmem não estava entendendo nada, mas se fosse dotada de sensibilidade mediúnica, veria Celestino, abraçado à esposa, a dizer-lhe pelos condutos do pensamento:

– Sim, sim, minha boneca. Tudo dá certo quando confiamos em Deus!

***

Um mês depois Francisca e os filhos viajavam de mudança para São Paulo e instalavam-se na rica residência de Carmem Lúcia, estabelecendo, desde logo, gratificante amizade com sua patroa, numa dessas associações em que todos são beneficiados e que só o Espiritismo explica.

A partir de então, Celestino assumiu o compromisso, perante a própria consciência, de trabalhar em favor de Agnaldo, com o propósito de tirá-lo das regiões umbralinas.

Quando o Evangelho tem acesso aos corações, tudo se resolve em paz.

Capítulo 11

A DEDICATÓRIA SALVADORA

Não queria morrer. Apenas desaparecer.

Assim Solange Matias justificava perante si mesma sua intenção.

Mãe de família, marido atencioso e gentil que a tratava com carinho, dois filhos casados, desses que fazem o orgulho dos país, famílias bem formadas, quatro netos maravilhosos...

O marido, engenheiro bem-sucedido, grandes projetos.

Ela, advogada, ótima clientela. Amava o seu trabalho e estava realizada como profissional e mãe...

Não obstante, a morte era o tema de suas cogitações íntimas, ultimamente. Começara devagarinho, com indefinível sentimento de tédio pelas atividades que tanto a motivavam...

Evoluíra, tomando corpo a ideia da inutilidade, como se perdesse a graça de viver.

Empenhava-se por disfarçar seus sentimentos perante os familiares, forçando o sorriso, a atenção, mas já não aguentava a pressão interior.

Digamos, já não se aguentava.

Queria mesmo desaparecer, o que, no dicionário de suas angústias, era sinônimo de morrer.

***

Em princípio, não havia nenhuma influência espiritual a justificar aquela postura, nenhum inimigo do passado interessado em sequestrá-la nos portais da morte para vingar-se de passadas ofensas.

Se algum Espírito poderia ser responsabilizado era o seu. Trazia do pretérito, vidas anteriores, o que poderíamos definir como tendência para o suicídio.

Em várias oportunidades elegera a porta falsa como solução para seus males.

Sofrera muito, em consequência de suas fugas. Aos poucos, com o concurso de mentores dedicados, ajustara-se e, atendendo à programação da existência atual, saía-se relativamente bem.

Porém, o passado não estava definitivamente superado e voltava a perturbá-la agora, com os mesmos sintomas que haviam inspirado suas fugas: tédio.

E havia, sim, agravantes.

Em primeiro lugar, sua concepção materialista. Enxergava a vida como um acidente biológico, sem perspectivas além-túmulo. Para ela a morte era fim, ideia compartilhada por toda a família, infensa à atividade religiosa.

Agora havia, sim, a influência espiritual, não propriamente um Espírito vingador, mas a assimilação de correntes de vida mental inferior, alimentadas por gente deprimida, tanto quanto ela.

Por isso estava prestes a comprometer-se em nova fuga, cogitando de como o faria, em sua sala, no escritório de advocacia, quando soou o interfone.

Era a secretária.

Informou que uma jovem estava presente solicitando falar-lhe.

– Tem hora marcada?

– Não, mas insiste em falar com a senhora.

– Está bem, vou recebê-la. Qual o seu nome?

– Suzana Colares.

***

Introduzida na sala pela secretária, a visitante apresentou-se:

– Boa tarde, doutora Solange. Desculpe o incômodo. Venho cumprir uma missão, embora um tanto tardiamente. Participo de uma organização filantrópica, o *Centro Espírita Aprendizes do Evangelho*. Há três anos, um senhor de nome Eleutério esteve em nossa biblioteca e autografou um livro para a senhora, pedindo-nos que o entregássemos, porquanto estava de saída para longa viagem à Europa.

Solange ouviu sensibilizada o nome de Eleutério, seu querido professor na Faculdade de Direito, mais que um amigo, um orientador que a ajudara nos estudos e no início de sua atividade profissional.

O professor falecera naquela viagem, vitimado por um enfarte.

Saudosa, emocionou-se com o relato da visitante.

– Um livro...

Não seria certamente sobre direito, adquirido num Centro Espírita – pensou com seus botões.

– Sim, deixou até a dedicatória... Infelizmente, por falha nossa o livro perdeu-se no fundo de um armário entulhado e só agora, quando foi feita uma arrumação, foi encontrado. Peço-lhe desculpas em nome da direção do Centro.

– Sem problema, essas coisas acontecem – tranquilizou Solange – Só tenho a agradecer sua gentileza em procurar-me.

Suzana despediu-se, após deixar-lhe um impresso com o resumo das atividades do *Aprendizes do Evangelho*, bem como o horário de suas reuniões.

– A de sábado – explicou – é muito interessante, com estudos sobre o destino humano.

A sós, Solange abriu o pacote e tomou o presente em suas mãos.

O título a intrigou: *O Livro dos Espíritos.*

Abriu e leu a dedicatória:

À minha aluna preferida, um livro que nunca a deixará entediada de viver. Deus a abençoe!

Eleutério.

Solange emocionou-se, chegando às lágrimas.

Embora se tratasse de algo inusitado, não havia como duvidar de que o seu querido professor revelava-se por inteiro na dedicatória.

Ele sempre a situara como sua aluna preferida. Conversavam muito, tinham carinho um pelo outro. Não fosse ele avançado em idade – falecera aos noventa e três anos – e certamente seu marido teria ciúmes.

Por outro lado, a referência ao tédio era surpreendente, como se ele houvesse antecipado a situação atual que ninguém conhecia.

E aquele *Deus a abençoe* situava-se ainda mais perturbador, porquanto ele era agnóstico, concebia que a existência de um ser supremo era complicada para sua cabeça.

De qualquer forma, era como se o querido professor houvesse transmitido uma mensagem do além, convidando-a a ler o livro.

Começou de forma despretensiosa, uma vista d'olhos apenas, mas logo se empolgou. Cancelou todos os compromissos e mergulhou na leitura.

Durante horas Solange literalmente *devorou o livro.*

Em casa, após o jantar, aproveitou-se da ausência do marido, em viagem de negócios, para continuar a leitura, noite adentro...

Terminou de madrugada.

Pela manhã, ligou para o escritório, cancelando todos os compromissos, e mergulhou novamente na leitura do livro, detendo-se agora a refletir sobre o que lia.

Passou o dia abeberando-se de seus conceitos maravilhosos.

Terminou novamente na madrugada.

Então o sentimento de que a vida não tinha sentido, o desejo de sumir, o tédio de viver, desapareceram.

Percebia agora a importância de enfrentar os desafios, de aproveitar a experiência humana, rumo a gloriosa destinação.

Tantas dúvidas sobre a jornada terrestre, tantas vacilações... Tantos enigmas, que lhe davam a ideia de inutilidade da existência, eram todos equacionados com precisão por aquele livro maravilhoso.

Abençoado professor Eleutério, que lhe deixara por presente aquele tesouro, que oferecia à sua existência o colorido que faltava!

***

Em reunião mediúnica, no Centro, o professor Eleutério, informava, feliz, em manifestação mediúnica, que a iniciativa de enviar um livro com dedicatória que ele escrevera pela mão de José Maria dera resultado.

A lamentável ideia do suicídio fora afastada.

Sua querida discípula descobrira o Espiritismo.

Explicava, em seguida, Teotônio, pela psicofonia de José Maria:

– Será temerário imaginar que Solange guarde para sempre a euforia que a tomou. Não se curam desajustes acumulados em várias existências com simples mudança de concepção existencial. O passado pesa na economia espiritual, e ela experimentará novos desafios, mas sempre decrescentes, à medida que cresça nela o conhecimento abençoado da Doutrina Espírita e a disposição de contribuir de forma disciplinada e altruística em favor do bem-estar social. É bem vasto o campo de que dispõe, nas lides do Direito. Logo teremos notícias dela.

***

Suzana oferecia as boas vindas ao pessoal que chegava para a reunião de sábado, quando, agradavelmente surpreendida, deparou-se com a doutora Solange, que, após cumprimentá-la, sorridente, informou:

– Estou aqui, atendendo seu convite.

Era o início de uma vida nova para ela.

***

Uma dúvida certamente ocorrerá ao prezado leitor que me concede o benefício de sua atenção:

A depressão é consequência ou origem de processos obsessivos?

O indivíduo sofre depressão por estar sob influência espiritual inferior?

Ou está sob influência espiritual inferior por abrir a guarda com a depressão?

Digamos que as duas hipóteses são aceitáveis.

Há casos de obsessão em que o obsidiado traz, nos domínios do inconsciente, o complexo de culpa por ter, por exemplo, assassinado alguém, movido por propósitos escusos.

Se a vítima se recusa a perdoar e pretende vingança ao encontrá-lo, naquela mesma existência ou em existência futura, a ligação se faz, fácil, em razão da sintonia *devedor-credor*.

Vítima de ontem, verdugo de hoje; vítima de hoje, verdugo de ontem, em autênticos combates espirituais em que o encarnado tem a desvantagem de não ver os golpes do agressor, como um cego a aventurar-se numa luta de boxe contra alguém dotado de visão.

Se não há um vingador, há as correntes de vida mental inferior.

Somos um dínamo-psiquismo, emitimos energias com o exercício do pensamento, de conformidade com a natureza de nossos pensamentos, contribuindo para a formação de correntes de vida mental, ao mesmo tempo que delas nos nutrimos.

É sempre oportuno lembrar a advertência de Jesus, em *O Sermão da Montanha* (Mateus, 6:22 e 23):

São teus olhos a lâmpada do corpo.

Se os teus olhos forem bons, todo o teu corpo será luminoso; se, porém, os teus olhos forem maus, todo o teu corpo estará em trevas.

Portanto, caso a luz que há em ti sejam trevas, que grandes trevas serão!

A maneira de ver exprime a natureza de nossas cogitações interiores, de nossa maneira de ser, colocando-nos em sintonia com correntes de vida mental que podem elevar-nos às alturas ou precipitar-nos no abismo.

Depende de nós!

Por isso Jesus não se cansava de recomendar o exercício do amor, do bem e da verdade, capazes de modificar nossa sintonia, colocando-nos em contato com correntes de vida mental superior, alimentando-nos de luzes, para que a escuridão depressiva jamais nos assalte.

Capítulo 12

QUESTÕES DE GÊNERO

– Você conhece alguém na Escola Estadual Domênico Constantino? – perguntou José Maria a Suzana, pelo celular.

– Sim, tenho amigos professores que lá trabalham. O diretor Catulo Pereira é diligente e aberto às boas iniciativas.

– Ótimo. Há um aluno alimentando perigosas ideias de suicídio. Sofre devido à sua homossexualidade, que o perturba muito, com agravante de estar sofrendo *bullying*. Seu nome é Rúbio. Recebi um apelo dos país, que temem o pior.

– O que faremos, José Maria?

– É um caso para agir com cuidado, aproximando-nos de forma indireta. Pensei numa palestra sobre o tema que seria ministrada pelo Carlos. O que você acha?

– Parece-me ótimo. Tentarei o contato.

***

Suzana conseguiu que o professor Catulo os recebesse.

Compareceram à entrevista ela, José Maria e Carlos.

Após as apresentações, Carlos explicou:

– Sabemos que o tema homossexualidade está presente nas escolas, suscitando problemas de *bullying*. A nossa ideia é falar sobre o assunto, descontraindo os alunos com o conhecimento a respeito.

– Seria sob o ponto de vista espírita?

– Sim, acredito que é a visão mais esclarecedora, que supera especulações.

O professor Catulo gostou.

– Toda tentativa de pacificação dos alunos, fechando as portas ao *bullying*, será sempre bem recebida. Temos, mensalmente, uma palestra sobre tema religioso, geralmente com sacerdotes católicos ou pastores evangélicos. Podemos, neste mês, abrir espaço para uma palestra espírita sobre o assunto. Só não sei se teremos muitas presenças. Provavelmente os próprios pais não estimularão os filhos a participarem.

– Os pais costumam comparecer? – indagou José Maria.

– Raramente.

***

Ao longo dos dias, Suzana manteve contato com o professor Catulo, nos preparativos para a reunião.

Ele mantinha a dúvida quanto à presença de pais e alunos, principalmente pelo fato de que o palestrante fazia questão de apresentar-se como espírita.

Por isso, com grande surpresa viu o amplo auditório lotado.

Praticamente a escola toda estava presente, boa parte dos alunos em pé ou sentados no chão, muitos pais presentes...

Nas últimas fileiras estava Rúbio, o jovem em conflito consigo mesmo por sua homossexualidade e com colegas sádicos que se divertiam com o *bullying*.

Iniciada a reunião, o professor Catulo apresentou Suzana, José Maria e Carlos, como representantes do *Centro Espírita Aprendizes do Evangelho*, destacando o palestrante, advogado de sucesso.

Carlos fez questão de evocar a espiritualidade.

– Senhores pais, senhores alunos, é com prazer que lhes falo no mais sagrado de todos os templos – a escola. Por isso, rogo a Deus, o Senhor supremo, nos conceda a bênção da atenção e a disciplina do respeito, a fim de que possamos aproveitar integralmente os momentos aqui passados.

Carlos fez breve pausa, enquanto José Maria observava que, sob influência de sua palavra, ampliada pela vibração de mentores espirituais presentes, um silêncio respeitoso marcava o público presente. Ele continuou:

– Em *O Livro dos Espíritos,* a obra máxima da Doutrina Espírita, está registrado que os Espíritos também possuem sexo, não como morfologia, mas como psicologia. Ele será eminentemente masculino, se nele prevalecerem as características de masculinidade; e feminino, se nele prevalecerem as características de feminilidade. No propósito de seu aprimoramento, o Espírito reencarnará, voltará à vida física como homem ou como mulher. Ao longo dos milênios, passará pelas duas experiências de forma a conquistar o melhor da masculinidade e o melhor da feminilidade. Costuma-se dizer que anjo não tem sexo e é verdade, nem como morfologia, nem como psicologia, porquanto nele estão equilibrados o que de melhor há na masculinidade e o que de melhor há na feminilidade. Chegaremos todos lá, ao longo de milenárias experiências reencarnatórias.

– Nascer como mulher, nem morto!

O aluno falou baixo, comentando com colegas, mas era tão completo o silêncio que sua fala foi ouvida por boa parte dos presentes, inclusive Carlos, que sorriu, informando:

– A reencarnação acontece depois de morto mesmo, meu caro. E digo mais – todos passaremos pela experiência da maternidade, reencarnando como mulher, a melhor receita de Deus a nos sensibilizar para o amor, a lei suprema do universo.

Seguiram-se risadas descontraídas do auditório, enquanto Carlos constatava algo que já notara anteriormente: a reencarnação tinha boa aceitação em todas as classes sociais.

Na verdade, prezado leitor, pesquisas demonstram que perto de cinquenta e cinco por cento da população brasileira a admite, o que é bastante lógico – é o princípio que melhor explica as diferenças sociais, morais, físicas, mentais, que caracterizam a experiência humana...

Carlos prosseguia:

– Sabem hoje os psicólogos que ninguém é totalmente masculino ou feminino. O homem tem vinte por cento de feminilidade; a mulher, vinte por cento de masculinidade. Se um Espírito eminentemente feminino reencarna como homem, os vinte por cento de masculinidade serão potencializados e ele terá uma psicologia masculina, sem problemas, o mesmo acontecendo com o Espírito masculino que reencarna como mulher.

O professor Catulo estava admirado. Jamais vira silêncio tão completo naquelas reuniões, numa demonstração evidente de que o assunto despertava grande atenção de pais e filhos presentes. Carlos continuava:

– Essa polarização pode não acontecer. A partir daí surge a situação hoje denominada *conflito de gênero*, ou conflito entre a psicologia e a morfologia do indivíduo. Mulher por fora, homem por dentro. Ou homem por fora, mulher na intimidade de si mesmo. É uma situação extremamente difícil, tanto para o indivíduo quanto para seus familiares...

Carlos fez longa pausa, percebendo que a perplexidade tomava conta dos ouvintes que, com raras exceções, jamais haviam cogitado do assunto naqueles termos. Ele prosseguia, voz forte, magnetismo envolvente:

– Uma questão certamente está no cérebro de todos os presentes: Por que isso acontece? Há algumas razões. Pode ocorrer que, tendo reencarnado seguidas vezes como homem ou como mulher, o Espírito enfrente alguma dificuldade em relação à polarização, ao mudar de sexo. Pode ser um problema de expiação, a partir de abusos e viciações sexuais, bem como a exploração do sexo oposto. Pode ser uma escolha do Espírito, por entender útil passar por uma experiência dessa natureza. De qualquer forma, não é uma situação confortável para quem a vivencia, embora tenhamos feito grandes progressos a respeito do assunto. Em tempos bíblicos era considerada uma aberração, que devia ser combatida com a pena de morte; até o século XX os próprios médicos a consideravam uma enfermidade. Neste século temos grandes progressos no trato dessa situação, que deixa os compêndios das doenças, favorecendo inclusive, recursos para que o conflito de gênero seja superado e o indivíduo assuma a sua condição psicológica, até com a mudança de nome do masculino para o feminino e vice-versa, se for de sua vontade e direito. Basicamente é isso que podemos dizer sobre o assunto. A partir de agora, tentaremos responder às perguntas, o que atenderá melhor às dúvidas dos presentes. A fim de dar maior agilidade ao nosso pinga-fogo, peço que façam a pergunta por escrito. Podem indagar sem constrangimento. Não há necessidade de identificação.

O professor Catulo providenciou o concurso de vários servidores, que distribuíam e recolhiam as papeletas para as perguntas.

José Maria e Suzana faziam a triagem, organizando as perguntas que, embora numerosas, identificavam-se no conteúdo.

Isso feito rapidamente, Suzana leu a primeira:

– A medicina atribui, na atualidade, esse conflito de gênero a fatores hormonais durante a gestação. Como conciliar essa explicação com o que nos diz a Doutrina Espírita?

Sem titubear, revelando dominar o assunto, Carlos respondeu:

– Consideremos, à luz do Espiritismo, que a fôrma da forma física é o Espírito, mais exatamente o perispírito, que é, digamos, um corpo espiritual, veículo de sua atuação no plano em que se encontra. Nele existe o substrato de todas as suas experiências pretéritas e também as consequências de suas ações. Assim, o corpo físico nada mais faz senão registrar o que vai com o Espírito que reencarna, preparando-lhe uma experiência reencarnatória compatível com suas necessidades evolutivas. Assim, alterações hormonais situam-se como efeitos, não como causa do conflito de gênero.

Suzana:

– Os índices de suicídios de pessoas com conflito de gênero é bastante elevado, quarenta por cento maiores. Seria o suicídio a culminância dessa situação, algo programado?

Carlos:

– Nenhum suicídio é programado e muito menos faz parte das provações humanas. É sempre uma fuga, com consequências danosas para o Espírito. Alguém diria que a pressão é muito grande, o que seria uma atenuante para o gesto tresloucado. Até pode ser, mas de qualquer forma o suicida não se furtará aos desajustes provocados no corpo espiritual, que lhe imporão sofrimentos bem maiores do que aqueles que o levaram a matar-se. É preciso considerar, também, que Deus jamais permitiria que enfrentássemos dores maiores do que a nossa capacidade de suportá-las, uma cruz superior às nossas forças. O suicídio é sempre um desatino, jamais um destino.

Suzana:

– Há indivíduos que cultivam experiências homossexuais, no campo do sexo, embora não tenham esse conflito de gênero. O que dizer desse comportamento?

Carlos:

– Tal situação pode surgir como viciação, não como conflito de gênero. Assim como há indivíduos que se viciam no fumo, no álcool, nas drogas, há viciados do sexo que, à procura de sensações, acabam desenvolvendo práticas dessa natureza. Pode acontecer, também, na adolescência, como experiência motivada pela curiosidade juvenil, ou em prisões, como alternativa para satisfação do sexo. Por isso há homossexuais masculinos viris, assim como há lésbicas que são extremamente femininas. Neste caso, como ocorre com toda viciação, é possível superar tal comportamento. Depende da vontade da pessoa, considerando que, como todos os vícios, acabará por trazer-lhe problemas no futuro. É uma situação que pode ser revertida, se houver interesse da pessoa que a vivencia, assim como se pode vencer o vício do cigarro, do álcool, das drogas, se houver empenho nesse particular. Oportuno lembrar que há quem considere, sob o ponto de vista espírita, que o conflito de gênero de hoje pode ser o resultado de experiências viciosas nesse particular, em vidas anteriores.

Suzana:

– Como lidar com o *bullying* nas escolas, que atinge pessoas com conflito de gênero?

Carlos:

– Aprendemos com o Espiritismo que podemos reencarnar no seio daqueles que menosprezamos. Quem discrimina gente de outra raça ou cor, nacionalidade ou crença, posição social ou condição física, ver-se-á em seu seio. Quem comete o crime de zombar ou de humilhar pessoas com conflito de gênero, reencarnará nessa condição, para sentir na própria pele o que é isso. Assim, aprendemos, ao longo das vidas sucessivas, a cultivar respeito pelo próximo, em todas as situações.

Suzana:

– Como devem os pais lidar com filhos que vivenciam o conflito de gênero?

Carlos:

– Dialogando sempre. É uma situação difícil e o filho precisará da compreensão e do carinho dos pais. Se assim fizerem ele poderá superar suas perplexidades, competindo-lhe decidir, com o concurso de psicólogos, se deve ou não assumir sua identidade psicológica, submetendo-se a cirurgias e medicação que favoreçam uma morfologia física compatível com sua condição psicológica.

Suzana:

– Assumir a identidade psicológica, submetendo-se a tratamentos hormonais ou cirurgias, não seria um gesto de rebeldia, contrariando os desígnios divinos?

Carlos:

– Se levarmos essa restrição em consideração, jamais deveremos nos submeter a uma cirurgia plástica, melhorando a aparência, ou a cirurgias corretivas diante de uma limitação física qualquer. A medicina, fruto da misericórdia divina, está no mundo para amenizar nossos males e dores.

Suzana:

– É aceitável o chamado "casamento gay"?

Carlos:

– Duas pessoas que decidam viver juntas têm o direito de formalizar sua ligação, mediante um contrato em cartório, até por uma questão prática envolvendo sucessão, herança, pensão, bens adquiridos em comum. Antes a lei determinava que esse contrato fosse celebrado por um casal. Hoje, em muitos países, inclusive no Brasil, essa exigência foi abolida.

Suzana:

– As religiões tradicionais não aceitam que os casais gays adotem filhos, sob a alegação de que dois pais ou duas mães vão confundir a cabeça da criança. É razoável considerar assim?

Carlos:

– Qual a melhor opção: que a criança experimente o trauma doloroso de viver em orfanato e, não raro, na rua, ou que seja cuidada e educada num lar, tendo dois pais ou duas mães? Pesquisas com crianças educadas por gays revelam que não apresentam problemas de relacionamento social. Muitas se saem até melhor nos estudos. Tudo o que a criança precisa é de um lar ajustado, onde receba amor, não importando se é educada por homo ou heterossexuais. Quando foi abolida a escravidão em nosso país, muita gente achava que era anormal negros desfrutarem da mesma liberdade dos brancos. Nos Estados Unidos aconteceu uma sangrenta guerra civil para libertar os escravos. No futuro, pessoas que vivem experiências homoafetivas deixarão de sugerir anormalidade ou preconceitos. São apenas diferentes, com todos os direitos de qualquer cidadão, inclusive de constituir família, de acordo com sua maneira de ser.

As perguntas estenderam-se por duas horas, revelando o profundo interesse dos presentes.

O professor Catulo estava perplexo.

Jamais poderia imaginar que a Doutrina Espírita abordasse de forma tão esclarecedora o assunto. Estava admirado também com o silêncio e o respeito dos pais e alunos, que creditava à competência do palestrante, abordando o tema tão delicado sem piadas de mau gosto, sem chistes, sem humorismo debochado.

José Maria, por sua vez, notava a presença de mentores espirituais a sustentar com suas vibrações o ambiente equilibrado, sem a presença de Espíritos amigos da discórdia.

Era um cuidado indispensável ao sucesso da empreitada, de conscientizar pais e filhos quanto ao respeito devido às pessoas que vivenciam o conflito de gênero.

A um canto, três pessoas ouviam em lágrimas o palestrante, revelando um misto de surpresa e alívio – Rúbio e seus pais. O chefe da família anotou o endereço do Centro, animado pelos esclarecimentos apresentados e a convicção de que encontraria no Espiritismo o apoio para enfrentar com serenidade aquela situação que não era tão problemática quanto imaginara.

Carlos e os companheiros sabiam que pessoas menos esclarecidas não mudariam seu comportamento por causa de uma simples palestra, mas a semeadura estava feita, com o ensejo de abordar ângulos desconhecidos, base para uma renovação de ideias.

Capítulo 13

INDUÇÃO AO SUICÍDIO

Após a reunião, o professor Catulo conversou com os três visitantes.

– Estou surpreendido e encantado. Jamais poderia imaginar que o Espiritismo oferecesse explicações tão claras e objetivas sobre os problemas humanos.

Carlos sorriu:

– Foi também a minha reação inicial. Um misto de perplexidade e alívio. À luz do Espiritismo todos os problemas humanos são equacionados.Tudo tem uma razão de ser. Isso nos dá segurança. Não estamos à mercê de circunstâncias ocasionais. Participamos de divino planejamento, conduzidos a gloriosas realizações no desdobrar das experiências humanas.

– Se me permitem – disse o professor –, gostaria de falar-lhes a respeito de meu irmão.

– Sem problema – adiantou Carlos. – Estamos à sua disposição.

– É um caso complicado. Lupércio, médico de sessenta e cinco anos, casado, pai de três filhos, também já casados, foi acometido de estranha doença. Digo estranha porque os médicos não conseguem diagnosticar, algo semelhante a uma esclerose lateral amiotrófica. Ele permanece praticamente imobilizado no leito. O pior é que está com ideia do suicídio assistido. Quer que o ajudemos a matar-se, sob alegação de que não suporta mais essa situação.

– Isso nem pensar – comentou Carlos. – Constitui duplo crime, perante a lei humana e a divina.

– Ele tem posses financeiras e insiste que o levemos a um país europeu, onde esse procedimento seja legal. Na verdade estamos todos perplexos, porquanto Lupércio é médico, homem esclarecido e de ânimo forte. Vinha enfrentando com firmeza o problema. Ultimamente entregou-se. Acha que está dando trabalho para a família e insiste em seu propósito.

– Que apenas complicará seu futuro na espiritualidade – informou Carlos, compadecido. – O que sabemos pela Doutrina Espírita é que o pior sofrimento da Terra não se compara ao do suicida. Poderíamos visitá-lo?

– Claro, é só marcar.

– Pode ser amanhã, à noite, vinte horas?

– Perfeito.

***

Exatamente às vinte horas do dia seguinte, Carlos e José Maria eram atendidos por Jurema, esposa de Lupércio, em sua residência, em condomínio de luxo.

– Entrem, por favor. Sejam bem-vindos.

Estavam presentes, também, o professor Catulo e Maristela, sua esposa.

Feitas as apresentações, Carlos explicou:

– Aprendemos com o Espiritismo que problemas de saúde complicados sempre guardam um componente espiritual.

Jurema esboçou sorriso triste:

– Estou certa de que poderão nos ajudar, porquanto imaginamos que, realmente, há algo mais que simples enfermidade. Os médicos não conseguem nem mesmo um diagnóstico preciso.

– Há quanto tempo surgiu o problema? – perguntou Carlos.

– Mais ou menos seis meses. Começou com um mal-estar forte e febre. Pensamos, a princípio, tratar-se de uma gripe, mas em breve ele começou a experimentar dificuldade motora, que foi se acentuando até ficar praticamente imobilizado no leito. Nossa preocupação agora é com a ideia fixa de que deve matar-se, contando com nosso concurso, mesmo que seja em outro país.

– Isso é comum em casos dessa natureza – explicou Carlos em reação de desespero.

Os dois visitantes foram conduzidos a um quarto onde o paciente estava deitado em leito hospitalar, assistido por um enfermeiro.

– Lupércio – falou o professor Catulo, – aqui estão nossos amigos Carlos e José Maria. Vieram visitá-lo e oferecer-lhe um tratamento espiritual.

O paciente os fitou, olhar atormentado, dizendo com dificuldade:

– Podem ajudar-me a... morrer?

– Não, não, meu caro. Estamos aqui para ajudá-lo a viver – respondeu Carlos, olhando preocupado para José Maria.

O médium, muito pálido, segurava-se no leito para não cair. Certamente havia algo grave ali ocorrendo, espiritualmente.

Carlos pediu a atenção de todos e, após sentida oração, aplicou o passe magnético em Lupércio, que experimentou brando alívio, adormecendo.

Pouco depois, prometendo desenvolver um trabalho espiritual em favor do paciente, os visitantes deixaram o lar.

Já no automóvel, José Maria explicou:

– Estamos diante de um atentado espiritual. Há vários Espíritos, sob o comando de cruel entidade, empenhados em promover a morte de Lupércio. A ideia do suicídio parte deles, fazendo-o imaginar que é a melhor solução.

– Sabe por quê?

– Sim e é incrível. O Espírito que está orquestrando essa influência quer vingar-se de Lupércio por omissão de socorro.

– Omissão de socorro?

José Maria respirou de forma profunda, buscando refazer-se do dispêndio de energia no contato com o paciente, e explicou:

– Pelo que fui informado, o caso envolve o chefe de uma quadrilha de traficantes, ferido gravemente num tiroteio com a polícia e levado ao hospital. Lupércio, que estava em seu lar, foi convocado para cirurgia urgente, em sua especialidade, mas, ao saber quem era o paciente, alegou impossibilidade de atender, sob inspiração da velha concepção de que *bandido bom é bandido morto.* E ele morreu mesmo.

– Mais um caso de justiça com as próprias mãos – comentou Carlos, penalizado.

– Exatamente. A situação do marginal morto é péssima no mundo espiritual, situado em região umbralina. Seu genitor, que o ama extremadamente, desencarnado há anos e igualmente comprometido com os desvios do filho, não consegue encontrá-lo. Exasperado, vinga-se do médico que não o socorreu. Espírito de grande poder mental, embora subdesenvolvido moralmente, ele pretende provocar a morte do médico que se recusou a socorrer o filho.

– Então estamos diante de um problema essencialmente espiritual, a partir dessa influência?

– Exatamente. Por isso os médicos não conseguem um diagnóstico.

– E a proteção espiritual?

– Conversei com um dos mentores que acompanham o caso. Informou que a dificuldade em preservar Lupércio está no fato de que ele é ateu, não cultiva a oração e, embora honesto, não age como um sacerdote da medicina, assumindo posturas não compatíveis, como, por exemplo, não socorrer um bandido baleado.

– O que os mentores de Lupércio sugeriram?

– Eles não julgam oportuna uma medida drástica afastando os obsessores que atuam sobre o obsidiado, o que poderia provocar uma reação passível até mesmo de causar sua morte. Segundo o velho princípio, sempre destacado pelos benfeitores espirituais, é mais interessante *desatar,* evitando cortar.

– O que faremos?

– Teotônio está orientando que devemos conversar com o pai do traficante na próxima reunião mediúnica.

***

Reunido o grupo mediúnico, no *Aprendizes do Evangelho*, após a sessão pública de sábado Carlos fez a prece inicial e, após relatar a visita feita a Lupércio, explicou:

– Sob orientação espiritual vamos tentar um diálogo com o obsessor, colaborando com os mentores. Em face do padrão vibratório denso que o caracteriza, fica mais fácil conversar conosco.

A reunião teve sequência com o estudo do livro *O Céu e o Inferno,* de Allan Kardec, durante trinta minutos. Em seguida, a leitura de um capítulo do livro *Fonte Viva,* de Emmanuel, psicografia de Chico Xavier.

Conforme o roteiro, passaram em seguida às vibrações em favor de pessoas assistidas, com a utilização de papeletas em que estavam registrados seus nomes, endereço e idade. Lupércio foi o primeiro beneficiário.

Aqui, caro leitor, o registro de uma ocorrência. Frequentemente, Espíritos que estão perturbando destinatários das vibrações são atraídos para a reunião, manifestando-se sob o controle de mentores espirituais.

Mostram-se, a princípio, irredutíveis em seus propósitos. Aí entra a experiência e a intuição do dialogador, para sensibilizá-los, modificando suas disposições, caminho ideal para interromper o processo obsessivo.

De qualquer forma, o diálogo funciona como uma semeadura, não apenas para o obsessor, mas também para Espíritos que geralmente o acompanham.

Em médio e longo prazos terão efeito. Se assim não fosse, os benfeitores espirituais não perderiam tempo com eles.

Um detalhe importante, caro leitor, que nem sempre é do conhecimento dos participantes das reuniões mediúnicas: médiuns videntes observam que as paredes parecem movimentar-se, ampliando de forma significativa o ambiente.

A sala é espiritualmente convertida em salão.

Abriga dezenas de Espíritos perturbados e sofridos, assistidos por médicos e enfermeiros que se valem do magnetismo gerado pelos participantes encarnados como matéria-prima para beneficiar os pacientes atendidos.

Iniciada a prática mediúnica, Angélica deu passividade a uma entidade que desde logo revelou sua exasperação:

– Quem foi o miserável que me amarrou? Soltem-me ou farei um inferno aqui!

Era Genivaldo, pai de Firmino, o traficante morto.

Carlos iniciou o diálogo.

– Meu irmão, você não está amarrado, apenas contido pelas vibrações do ambiente. Acalmando, essa sensação desaparecerá.

– Não quero me acalmar, nem ficar aqui!

– Mesmo sabendo que poderemos ajudá-lo a encontrar o Firmino?

Um longo silêncio fez-se sentir.

José Maria via o Espírito a olhar espantado para Carlos.

– Quem lhe falou sobre meu filho? Como sabe seu nome? – indagou, num misto de surpresa e curiosidade.

– Nossos mentores nos informaram, e também seu nome, Genivaldo. Sabemos que você está preocupado. Perdeu o contato com Firmino, não é verdade?

– Isso não importa. Também temos nossas fontes de informação. Logo o encontraremos...

– Meu irmão, você sabe que isso não é verdade. Não terá acesso a ele sem o concurso de nossos mentores.

– Por que me trouxeram aqui? Qual a sua intenção?

– Sabemos de seu sofrimento como pai e nos propomos a ajudá-lo.

– Não acredito que estejam fazendo isso por generosidade. O que pretendem?

– Tem razão. Há uma intenção em relação ao assunto, mas nada que possa prejudicá-lo ou a seu filho. Apenas uma troca.

– Troca?

– Sim, você afasta-se de Lupércio, o médico que está perseguindo, e nossos mentores providenciarão a internação de Firmino em nossa instituição, onde você poderá vê-lo.

– Eu sabia que havia algum interesse escuso por trás dessa oferta de ajuda...

– Nada escuso, meu irmão. Apenas uma troca de favores.

– Troca injusta. Livrar um criminoso para salvar uma vítima.

– Você sabe que não é bem por aí. Seu filho é vítima de seus próprios erros, alguém responsável pela morte e o vício de muitas pessoas, enquanto que sua vítima é alguém empenhado em salvar vidas.

– E responsável pela morte de meu filho.

– Não chegaremos a um acordo quanto a isso. O que nos interessa é a proposta. Aceita ou não?

Não havia o que discutir.

Genivaldo sabia que a troca lhe seria altamente vantajosa. O importante era atender Firmino.

– Está bem, concordo. Mas quem me garante que você cumprirá o acordo?

José Maria passou um bilhete para Carlos.

"O filho já foi recolhido."

Após lê-lo, Carlos respondeu:

A dúvida não seria sua, mas nossa. Seu filho já está em nossa instituição, acolhido numa ala hospitalar.

Genivaldo emocionou-se. Em lágrimas pediu:

– Posso vê-lo?

– Claro, nosso mentores providenciarão.

Interrompida a manifestação, Teotônio informou por intermédio de José Maria:

– Felizmente tudo está correndo bem. Nosso irmão Genivaldo já está com o filho. Iremos depois com ele até a casa de Lupércio.

***

À noite, por orientação de Teotônio, todo o grupo mediúnico compareceu à residência de Lupércio, promovendo uma reunião com o professor Catulo e Maristela.

Carlos explicou.

– Com licença de dona Jurema, estaremos por alguns minutos voltados para a espiritualidade, enquanto no quarto nossos mentores farão um trabalho de auxílio em favor de nosso irmão Lupércio.

Com respeitoso silêncio de todos, Carlos orou:

– Senhor Jesus, aqui estamos, reunidos em teu nome, a implorar tua bênção para nosso irmão Lupércio. Possa ele, investido na nobre missão de cuidar da saúde humana, receber os cuidados de nossos mentores, a fim de que retome suas meritórias atividades. Que todos nós, Senhor, imbuídos do sagrado propósito de ajudar, possamos nos deter na necessária firmeza de pensamento e de propósitos, a fim de que nossas vibrações sejam utilizadas como base para o serviço ora em curso.

Em seguida Carlos, abrindo um exemplar de *O Evangelho segundo o Espiritismo*, aparentemente ao acaso, assessorado por um mentor espiritual, leu, no capítulo X, o tópico *Perdão das Ofensas*:

Quantas vezes perdoarei a meu irmão? Perdoar-lhe-eis não sete vezes, mas setenta vezes sete vezes.

Aí tendes um dos ensinos de Jesus que mais vos devem percutir a inteligência e mais alto falar ao coração.

Confrontai essas palavras de misericórdia com a oração tão simples, tão resumida e tão grande em suas aspirações, que ensinou a seus discípulos, e o mesmo pensamento se vos deparará sempre.

Ele, o justo por excelência, responde a Pedro: perdoarás, mas ilimitadamente; perdoarás cada ofensa tantas vezes quantas ela te for feita; ensinarás a teus irmãos esse esquecimento de si mesmo, que torna uma criatura invulnerável ao ataque, aos maus procedimentos e às injúrias; serás brando e humilde de coração, sem medir a tua mansuetude; farás, enfim, o que desejas que o Pai celestial por ti faça.

Não está ele a te perdoar frequentemente?

Conta porventura as vezes que o seu perdão desce a te apagar as faltas?

Prestai, pois, ouvidos a essa resposta de Jesus e, como Pedro, aplicai-a a vós mesmos.

Perdoai, usai de indulgência, sede caridosos, generosos, pródigos até do vosso amor.

Dai, que o Senhor vos restituirá; perdoai, que o Senhor vos perdoará; abaixai-vos, que o Senhor vos elevará; humilhai-vos, que o Senhor fará vos assenteis à sua direita.

Ide, meus bem-amados, estudai e comentai estas palavras que vos dirijo da parte dAquele que, do alto dos esplendores celestes, vos tem sempre sob as suas vistas e prossegue com amor na tarefa ingrata a que deu começo faz dezoito séculos. Perdoai aos vossos irmãos, como precisais que se vos perdoe.

Se seus atos pessoalmente vos prejudicaram, mais um motivo aí tendes para serdes indulgentes, porquanto o mérito do perdão é proporcionado à gravidade do mal.

Nenhum merecimento teríeis em relevar os agravos dos vossos irmãos, desde que não passassem de simples arranhões.

Espíritas, jamais vos esqueçais de que, tanto por palavras, como por atos, o perdão das injúrias não deve ser um termo vão.

Pois que vos dizeis espíritas, sede-o.

Olvidai o mal que vos hajam feito e não penseis senão numa coisa: no bem que podeis fazer.

Aquele que enveredou por esse caminho não tem que se afastar daí, ainda que por pensamento, uma vez que sois responsáveis pelos vossos pensamentos, os quais todos Deus conhece.

Cuidai, portanto, de os expungir de todo sentimento de rancor.

Deus sabe o que demora no fundo do coração de cada um de seus filhos. Feliz, pois, daquele que pode todas as noites adormecer, dizendo:

Nada tenho contra o meu próximo.

Simeão. (Bordéus, 1862)

Enquanto Carlos lia, mantendo a vibração do grupo, no quarto Genivaldo providenciava o afastamento de Espíritos que sustentavam a pressão vibratória sobre Lupércio.

Sem maiores formalidades, simplesmente informava às entidades perturbadoras que o trabalho estava concluído. Outro grupo assumiria o controle do paciente.

Após sua retirada, Teotônio realizou, durante vários minutos, vigorosa limpeza espiritual em Lupércio, retirando fluidos densos, pesados e escuros.

À medida que a limpeza era realizada, Lupércio, acordado, sentia como se invisíveis cordões que o mantinham preso ao leito fossem retirados, sentindo-se mais leve, sem dores.

Entrando no quarto, todos viram Lupércio sorridente, a dizer:

– Estou me sentindo bem, como há muito não acontecia. Tenho vontade até de levantar-me.

Jurema, feliz, abraçava o marido.

– Graças ao concurso destes amigos maravilhosos, meu querido.

– Graças a Deus – emendou Carlos –, e aos benfeitores espirituais. Nada fizemos senão preparar o terreno para eles.

José Maria, instruído por Teotônio, informou:

– São médicos da espiritualidade. Terminaram o trabalho de limpeza. Lupércio está livre das influências que o afligiam. Como esteve imobilizado por longo tempo, vai necessitar de fisioterapia, mas ficará bem e poderá voltar às atividades normais.

– Alguma recomendação especial? – perguntou Lupércio.

José Maria sorriu:

– Apenas não deixe de atender a ninguém, mesmo os piores bandidos.

– Bandidos? Não entendi.

– Sua esposa lhe explicará depois.

Carlos ponderou:

– Falando em atender, no *Centro Espírita Aprendizes do Evangelho* estimulamos as pessoas à prática do Bem, como o grande recurso para sustentarmos nossa saúde e equilíbrio. É, também, o melhor remédio para nossos males.

– Devo confessar – comentou Lupércio –, que comecei a fazer plantões num hospital com esse propósito, já que a remuneração está bem aquém do que faturo no consultório. Reconheço, porém, que não estava realmente empenhado nesse serviço. Modificarei minha maneira de ser.

***

O prognóstico de Teotônio estava correto.

Com o passar das semanas e a fisioterapia, Lupércio logo voltou às atividades.

Fiel ao compromisso que assumira, tornou-se mais atencioso em seu trabalho, cumprindo a sagrada missão da medicina, misericórdia de Deus entre os homens.

Capítulo 14

DIÁLOGO ESCLARECEDOR

A notícia de mais um homem-bomba a explodir no Oriente Médio, matando dezenas de pessoas, foi tema de uma conversa entre os participantes do grupo mediúnico dirigido por Carlos.

Após a reunião de sábado, tomando o tradicional cafezinho na cozinha do Centro, Suzana comentou:

– Fico sensibilizada com essas notícias. Tenho muita pena desses infelizes que se deixam dominar pela ilusão de que morrem como mártires e que irão direto para o paraíso...

– Iludidos ainda pela fantasia de que terão setenta e duas virgens à sua disposição – completou José Maria. – Pobres ingênuos que não têm ideia do que os espera. Além de assassinos desencarnam como suicidas, com comprometimentos no perispírito que demandarão séculos para serem superados. E sabem quem cuidará deles?

O próprio José Maria respondeu:

– Seus mentores, que exploraram sua ingenuidade, levando-os a cometer tais atrocidades.

– Que falta faz o conhecimento espírita – salientou Suzana. – Só haverá paz no mundo quando os homens compreenderem, finalmente que Jesus não estava fantasiando ao proclamar que nossas dívidas oriundas de males praticados serão pagas até o último centavo.

Sidônio, sempre estudioso do comportamento humano, salientou:

– O grande problema é a ideologia. O Alcorão condena o suicídio, mas o exalta quando faz do suicida um mártir. Esse é o ponto explorado pelos organizadores desses atentados.

Carlos concordou:

– Se analisarmos os grandes movimentos políticos e religiosos responsáveis pela morte de multidões, veremos sempre a ideologia. Até mesmo missionários, que vêm à Terra para sagradas missões não estão livres. Paulo de Tarso é um exemplo. Trazendo a grandiosa missão de divulgar o Cristianismo, quase pôs a perder seu compromisso quando, fanatizado pelos princípios mosiacos, pretendeu acabar com o movimento cristão. Se Jesus não fosse ao seu encontro, às portas de Damasco, certamente a história seria diferente.

– O próprio Maomé – lembrou Sidônio – não obstante sua elevada missão de reconduzir os princípios cristãos para o Oriente, andou pondo os pés pelas mãos, iludido pela ideia de que o islamismo poderia ser difundido não pelo poder das palavras, mas pela força da espada, princípio em que se apoiam hoje movimentos de violência que têm nos homens-bomba uma de suas vertentes...

– E isso apesar de líderes religiosos de bom senso deixarem bem claro que não é esse o objetivo do islamismo – lembrou Sidônio.

– Como ficam no mundo espiritual as vítimas desses atentados? – perguntou Suzana.

José Maria respondeu.

– Teotônio sempre comenta que nessas mortes coletivas, seja por acidente ou atentado, as vítimas recebem de imediato o socorro do plano espiritual. Entretanto, a condição de cada um vai depender de seu estágio evolutivo, sua maneira de ser. Espíritos evoluídos logo percebem o que aconteceu e superam o trauma da morte violenta. Espíritos de mediana evolução levarão mais tempo para se adaptar, adormecidos, não raro, por algum tempo. Espíritos ainda dominados pela agressividade logo pensarão em vingança.

E completou:

– Orientam os mentores espirituais que evitemos comentários desairosos. O melhor recurso é orar pelas vítimas e pelos agentes causadores dessas tragédias, trabalhando pela paz, de forma a neutralizar correntes vibratórias negativas que sustentam a belicosidade humana.

Letícia levantou a dúvida sempre presente:

– Podemos dizer que as pessoas que morrem vitimadas por esses atentados estão cumprindo um carma?

– Converso com Teotônio a respeito – comentou José Maria. Ele me diz que carma é viver neste mundo, onde essas coisas acontecem. Quando merecermos coisa melhor, iremos para mundos onde não acontecem.

– O que nos acontece está justificado pelo fato de morarmos aqui, embora não faça parte de nossa programação de vida? – insistiu Letícia. – Sempre imaginei que em situações dessa natureza haveria Espíritos retirando ou levando ao local pessoas que deveriam ou não enfrentar tais sofrimentos...

Carlos explicou:

– É a ideia que prevalece no pensamento das pessoas, atendendo ao *Maktub,* o *estava escrito,* da filosofia oriental. Se assim fosse, imaginemos o trabalho de mentores espirituais para retirar de Hiroshima e Nagasaki as pessoas que não deveriam ser vitimadas pelas bombas atômicas despejadas pelos americanos. Mais difícil, ainda, seria transferir para as duas cidades os que assim deveriam morrer.

José Maria completou:

– Daí o cuidado que devemos ter com nossas ações, mantendo a oração e a vigilância, como recomenda Jesus, a fim de que jamais nos envolvamos em situações que nos levem a cometer desatinos.

– E quando isso acontece numa guerra ou num tiroteio entre policiais e bandidos? Como fica aquele que mata em defesa do país ou da sociedade? – perguntou Letícia.

– Lembremos *O Livro dos Espíritos* – disse Sidônio, questão 749. Kardec pergunta se um soldado é culpado pelas mortes que provoca durante a guerra. Diz o mentor: *Não, quando constrangido pela força: mas é culpado pelas crueldades que comete, assim como será levado em conta o seu sentimento humanitário.*

Letícia estranhou:

– *Constrangido pela força?* Não entendi.

Sidônio explicou:

– A maior parte dos soldados que participam de batalhas foi convocada pelas autoridades de seu país. De certa forma foram forçados. Em tempo de guerra, a negativa resulta em prisão.

– Isso suscita outra dúvida – insistiu Letícia, que gostava de questionar. – Ninguém é obrigado a trabalhar como policial militar. E, no desempenho de suas funções, acaba matando.

– Acredito – explicou Carlos – que, assim como o soldado, ele está no exercício de defesa da sociedade. Pode ser enquadrado na mesma questão. É indispensável que tenhamos defensores da ordem e da paz, mas será digno de condenação perante a lei dos homens e de Deus quando usar de crueldade, por exemplo, maltratando um prisioneiro, e até matando-o depois de dominá-lo, como, infelizmente, ocorre com frequência.

Lupércio completou:

– Há alguns anos, num curso de Espiritismo, abordamos esse assunto. Um participante coronel da polícia militar, revelou sua experiência. Muitos anos antes, na condição de sargento, comandava uma patrulha que prendeu três assaltantes refugiados num sítio. Um soldado sugeriu que eliminassem os três ali mesmo, resolvendo o assunto, sempre na lamentável ideia de que bandido bom é bandido morto. O coronel percebeu que todos os componentes da patrulha estavam de acordo. Ele próprio sentiu-se tentado a fazê-lo, mas prevaleceu o bom senso e os bandidos foram conduzidos à prisão. Após relatar sua experiência, concluiu o coronel: "Hoje, com o conhecimento espírita, rendo graças a Deus por não ter permitido aquele ato sumário de crueldade."

E completou: "Abençoado Espiritismo!"

Capítulo 15

TESTEMUNHO INESQUECÍVEL

Na primeira quarta-feira do mês, os participantes da reunião podiam expor suas dúvidas ou suas experiências relacionadas com o suicídio.

Dava para perceber que a ideia do autoaniquilamento estava presente em muitos, a partir das próprias perguntas que formulavam.

Numa dessas reuniões, uma senhora pediu licença e expôs uma experiência pessoal:

– Meu nome é Ercília. Fui casada durante trinta e oito anos, em união de almas afins. Moacir, meu marido, era a pessoa mais nobre, mais cristã que conheci. Era o meu grande amor, a razão de ser de minha vida. Tivemos dois filhos, e três netos encantadores, família unida e feliz. Eu vivia num paraíso, até que grave enfermidade provocou, em pouco tempo, a sua morte.

A senhora enxugou as lágrimas, emocionada, e continuou:

– Fiquei arrasada. Os dias se passaram, emendando semanas e meses, sem que eu voltasse à normalidade. Chorava muito. Os filhos empenhavam-se em ajudar-me. Até propuseram um tratamento psicológico, mas cheguei a um ponto em que queria mesmo era morrer, inspirada num raciocínio para mim lógico: "Se tudo se acaba no túmulo, estarei livre do sofrimento. Se a vida continua, reencontrarei meu amado". Essa última possibilidade levou-me do *querer* para o *fazer*. Um único cuidado: não chocar meus filhos. A princípio pensei num acidente, mas fiquei com medo de não consumar meu intento e ter sequelas. Optei por achar um veneno que simulasse ataque cardíaco. Seria perfeito…

O silêncio no salão era total, como se todos estivessem de respiração suspensa, arrebatados pela narrativa, que seguia seu curso.

– Então se deu um acontecimento que imaginei, a princípio, ocasional. Encontrei velha amiga que, sabendo de meu estado depressivo, convidou-me para uma reunião mediúnica em Centro Espírita de periferia. Eu não estava nem um pouco disposta, mesmo porque nunca participara desse tipo de atividade. Como se irresistível força me envolvesse, acima de minha vontade, falei sim quando desejava dizer não. Fomos. Era um grupo pequeno, apenas dez pessoas ao redor de uma mesa. Senti-me uma intrusa, porém depois ficaria sabendo que minha presença ali atendia à iniciativa de alguém, no mundo espiritual. Após cerca de trinta minutos de estudos que, confesso, não acompanhei, mente conturbada, iniciou-se a prática mediúnica. Um mentor espiritual manifestou-se, fez alguns comentários evangélicos e, para minha imensa surpresa, dirigiu-se a mim, dizendo que alguém desejava falar-me.

A senhora interrompeu a narrativa, derramando-se em lágrimas. Carlos falou, gentil:

– Não se preocupe, dona Ercília. Todos aqui estão curiosíssimos em saber o que aconteceu, inclusive eu, mas fique tranquila…

Ela sorriu.

– Não são lágrimas amargas. São doces, muito doces, exprimindo minha emoção e meu agradecimento a Deus e ao Espiritismo. Mas melhor do que eu o faria, ouçam a gravação da comunicação que se seguiu.

Ela ligou o celular, abrindo ao máximo o volume de som e todos os presentes puderam ouvir:

– Minha sempre amada Ercília, agradeço a Jesus a oportunidade de falar-lhe, embora de forma tão precária. Pedi muito e nossos mentores espirituais concederam-me a graça de dizer-lhe de meu amor e de minha saudade. Estou recebendo muito apoio, mais do que mereço. Generosos amigos tratam-me com carinho. Minha preocupação é com você...

Breve pausa fez-se sentir. Percebia-se a emoção do Espírito, registrada nas reticências do médium.

– Recebo pelo telefone do pensamento suas vibrações... Sua angústia é a minha angústia, sua tristeza, a minha tristeza... Nos últimos tempos, identifico em suas evocações o desejo intenso de atravessar os portais da morte para reencontrar-me. Imploro-lhe, minha querida, em nome de Jesus...

Longo silêncio fez-se sentir na gravação, revelando a intensa emoção do Espírito, que, amparado pelos mentores espirituais, continuou:

– Desista dessa ideia sinistra! Retornando da forma como pretende, você encontrará apenas sombras e desalento, em sofrimentos inenarráveis. Tudo tem uma razão de ser, meu amor... Estava em nosso caminho essa separação transitória, mas saiba que a morte não separa os que se amam. Continuamos ligados pelo coração. E tudo que lhe peço é que confie em Deus, consciente de que nos reencontraremos um dia, em bases de vitória sobre as provações humanas, ensejando-nos luminoso porvir. Por enquanto, peço-lhe empenho em favor dos carentes de todos os matizes. Junto deles você sentirá minha presença, amenizando a saudade, dulcificando as lágrimas. Deus a abençoe, vida de minha vida, hoje e sempre!

– Deus o abençoe, meu querido! – completou a senhora, a derramar-se em lágrimas.

Dirigindo-se aos presentes, todos incapazes de conter as lágrimas, concluiu:

– Era assim que ele me dizia sempre – vida de minha vida! Foram suas últimas palavras, pondo maravilhoso selo de autenticidade na manifestação!

Contendo a emoção, Carlos encerrou a reunião, agradecendo a Jesus por aquele testemunho maravilhoso de como é importante receber com serenidade a dor da separação, sem espaço para tristezas insuperáveis e impulsos indesejáveis de autoaniquilamento.

Capítulo 16

A MAGIA DAS MÃOS

Após a reunião, no cafezinho, com a presença de José Maria, Carlos e outros participantes do núcleo central da casa, Suzana comentou:

– O testemunho dessa senhora foi impressionante, com a decisiva interferência do marido desencarnado. E quando se consuma o suicídio, terá faltado o cuidado da Espiritualidade?

José Maria respondeu:

– Pelo que tenho visto, sempre há o empenho de familiares e mentores no sentido de evitar o suicídio. Aí entram duas dificuldades. A primeira é encontrar instrumentos adequados para interferir. A segunda está naquela situação em que o suicídio surge como uma ideia repentina. A pessoa passa por um grande trauma e, sem conseguir lidar com o problema, no auge do desequilíbrio, joga-se à frente de um caminhão.

Angélica, que colaborava havia anos no atendimento de suicidas, completou:

– Fica difícil a interferência do mundo espiritual numa situação dessa natureza. Sinto em muitos suicidas o arrependimento por terem se deixado dominar pelo desespero que os levou a cometer o gesto insano, sem chance para uma interferência de amigos espirituais.

– É verdade – completou Sidônio. – Conheço o caso de uma jovem que, ao levar o fora do namorado, em poucos minutos atingiu uma ponte sobre um rio de forte correnteza e atirou-se nas águas revoltas, sem chance de salvamento.

E suspirando:

– Faz falta o conhecimento espírita, a mostrar o outro lado, as consequências do comportamento humano. O Espiritismo é uma vacina contra o suicídio.

– Sem dúvida – concordou José Maria –, Mas falta, sobretudo, espiritualidade às pessoas. A vasta maioria da população brasileira é constituída de religiosos, espiritualistas na concepção, materialistas no comportamento. Sem espiritualidade, fica difícil enfrentar os embates da vida. Faz parte desse empenho a oração sincera, diária, de quem procura as bênçãos do Céu para enfrentar os desafios da Terra. É nos momentos de oração que abrimos a mente para a inspiração de benfeitores espirituais. Quem cultiva a oração como empenho sincero de comunhão com a espiritualidade está sempre bem, mesmo nos temporais da vida, sem cogitações infelizes de fuga.

***

Como sempre, Carlos levou Suzana para casa, após a reunião. Percurso em silêncio, que ela não se atreveu a quebrar.

Ao chegarem, ela finalmente comentou:

– Notei você silencioso. Posso imaginar a causa...

– É, sim, o que você está pensando, Suzana. O suicídio de Eunice. Não consigo livrar-me do complexo de culpa, não só pela minha infidelidade, mas também porque não prestei a devida atenção às suas reações... Poderia ter evitado. É um fantasma que me assombra por vezes.

Suzana, sensibilizada, sentindo imenso carinho por ele, tomou-lhe as mãos entre as suas.

– Entendo seu estado de espírito, mas se algo você fez ou deixou de fazer em benefício de Eunice, nove anos se passaram e eu sou testemunha de sua dedicação no Centro, seu empenho em favor de pessoas direta ou indiretamente vinculadas ao problema do suicídio.

– Sei disso e, na verdade, minha dedicação é muito mais um investimento em favor dela do que um exercício de virtudes que não possuo.

– Não seja tão severo consigo mesmo, Carlos...

– É difícil explicar, mas de certa forma sinto que falhei com Eunice. Quando nos casamos eu sentia por ela uma afeição mais de pai para filha do que de marido para esposa. Eu tinha uma grande preocupação por seu bem-estar, sentia nela uma alma frágil, necessitada de apoio. Ela mesma reclamava. Era, em expressão popular, *vidrada* em mim. Daí sua reação desesperada quando descobriu minha aventura extraconjugal. Foi isso mesmo, mera aventura, fraqueza minha, mas para ela foi o fim de suas ilusões e o desespero que abriu a porta para o gesto insano.

Suzana tocou de leve os lábios nas mãos de Carlos, indagando, reticente...

– Sem chance para o coração?

Ele esboçou sorriso triste:

– Há algo que você precisa saber. Eu amo você, de todo coração. Vejo em você não uma filha que precisa de cuidados, mas a mulher de minha vida, que preenche todos os meus anseios. Ficarei feliz se souber que tenho uma chance com você. Peço-lhe apenas um tempo... Anseio tê-la em meus braços, beijá-la com carinho, mas não me atrevo. É como se eu não tivesse o direito de refazer minha vida afetiva, uma penitência que não sei quanto tempo poderá durar...

Fitando Carlos com imensa ternura, Suzana falou, emocionada:

– Saiba que o amo, Carlos, desde o primeiro dia em que nos vimos. Tenho certeza de que o conheço há muito, muito antes da presente existência, e o tenho buscado sempre e sempre. Esperarei por você, submetendo-me à mesma penitência, não difícil, não sofrida, porque estamos juntos e é isso que importa. A comunhão física pode esperar.

Carlos sorriu, feliz.

– Agradeço a Deus por tê-la a meu lado, com um carinho e uma paciência que me comovem.

Pouco depois Suzana entrava, guardando o coração em festa, trazendo nos lábios a indelével sensação do contato com as mãos de Carlos, no beijo de despedida.

Abençoadas mãos, preciosos elos entre almas irmãs.

Em espírito estariam sempre junto ao seu coração.

Capítulo 17

SOCORRO PROVIDENCIAL

Na reunião mediúnica do sábado, Teotônio, manifestando-se por intermédio de José Maria, pediu apoio vibratório para Estefânia.

Ela entrou em transe e transmitiu a manifestação de um Espírito extremamente agitado.

– Ajudem-me, por Deus! Em gesto de pura imprudência fui colhido pela morte há dois anos. Passava a tarde com colegas de trabalho e as respectivas famílias, às margens de um rio. Abusei de bebidas alcoólicas e com a audácia dos imprudentes, discernimento comprometido pelo álcool, resolvi atravessar o rio a nado, contrariando amigos e familiares que procuravam demover-me. Em meio à travessia, perdi as forças e em breves momentos me afoguei, levado pelas águas. Sofri muito na espiritualidade, durante meses, até ser amparado por benfeitores e internado em hospital numa colônia espiritual. Foi então que tomei conhecimento da minha condição de suicida inconsciente, é como chamam aqui os que retornam por pura imprudência.

Após longa pausa, procurando conter a emoção, a entidade continuou:

– Para meu sofrimento maior, estou constatando que sou responsável não apenas pela morte prematura, mas também por sérios problemas para minha família. Recebo apelos desesperados de minha esposa, que me implora socorro. Retornando ao lar, vejo-a assediada por um homem que se apresentou como um amigo para ajudá-la, colocou-a a morar numa casa de sua propriedade, fez-lhe empréstimos e agora exige que tanto ela quanto minhas filhas de quinze e dezesseis anos entreguem-se a ele e à prostituição. É um lobo vestido em pele de ovelha!

A médium soluçava, incontida, refletindo a angústia da entidade, que continuou;

– Tentei agredi-lo, fazendo-o pagar por sua desfaçatez, mas nada consegui, nem mesmo acesso à sua casa. Ele é protegido por uma turba de malfeitores desencarnados que exploram suas fraquezas e confesso que me sinto impotente, a lidar com meus próprios desajustes. Sou um desgraçado! Imploro, por misericórdia!

Carlos interveio:

– Realmente, meu amigo, é uma situação difícil, mas vamos ajudar. Pode nos fornecer o nome e o endereço de sua esposa?

Estefânia bem que tentou, mas não tinha suficiente acuidade mediúnica para colher a informação.

José Maria ajudou.

– Já anotei. Fica em Vila Galvão. O nome de nosso irmão é Ariovaldo, a esposa é Maria de Lourdes.

Carlos reforçou:

– Muito bem, Ariovaldo, fique tranquilo, vamos fazer o possível em favor de sua família.

Terminada a reunião, José Maria comentou.

– É um assunto para ser abordado em nossas reuniões. Suicidas inconscientes, que retornam ao mundo espiritual por sua própria inconsequência, não têm noção de que não é apenas a si mesmo que fazem o mal, mas, também à família.

Estefânia informou:

– Deu-me pena do Espírito. Seu sofrimento maior é justamente a situação em que deixou a esposa e filhas.

José Maria completou:

– Tivessem os suicidas e os que morrem por imprudência a mínima noção dos estragos que fazem em sua biografia espiritual e os sofrimentos que causam aos entes queridos, haveriam de cuidar melhor da própria integridade. E tenho uma sugestão de Teotônio: contratar a esposa desse nosso irmão para o cargo vago de zeladora do Centro. Ele a recomenda.

***

Carlos e Sidônio foram ao endereço citado pelo Espírito. Casa simples, espaçosa, poucos móveis, dando a impressão de alguém fazendo mudança aos poucos...

A realidade era bem diferente. Móveis e utensílios sendo vendidos em favor da subsistência dos moradores.

Foram recebidos por uma senhora ainda jovem, bonita, perto de trinta e cinco anos, mas abatida, desgastada, parecendo carregar o peso do mundo nas costas.

– Dona Maria de Lourdes? – perguntou Carlos.

– Sim... – respondeu reticente, denotando preocupação.

Sidônio sorriu, descontraído.

– Fique tranquila. Não estamos em missão de cobrança...

A senhora esboçou um sorriso triste.

– Ainda bem, não seriam os primeiros. Meu marido faleceu, deixou dívidas e nenhum rendimento. Estou com o aluguel atrasado quatro meses, ameaçada de despejo... E coisas piores estão para acontecer.

Carlos adiantou:

– Creio que poderemos resolver seus problemas e a senhora nos ajudará a resolver o nosso.

– Não estou entendendo...

– Participamos de uma instituição, o *Centro Espírita Aprendizes do Evangelho*, e estamos com dificuldade para encontrar uma zeladora, que more no local. Temos um apartamento especialmente preparado. Sabemos que a senhora tem duas filhas, que serão acolhidas, também. Ficarão bem acomodadas.

Maria de Lourdes estava perplexa.

– Como me conhecem, sabem de minhas filhas e que posso assumir esse encargo? Leram o meu currículo? Tenho enviado a muitas instituições. Fui criada num orfanato e tenho bastante experiência em zeladoria.

Carlos sorriu:

– Não temos o currículo, mas um frequentador de nossa casa a indicou, com ótimas referências...

– Posso saber quem é?

– A indicação veio por intermédio de outra pessoa. A senhora poderá, depois, ser informada. Apenas temos um pouco de pressa. O salário não é grande coisa, mas a senhora e suas filhas estarão abrigadas.

– Nem sei o que dizer. Desde o falecimento de meu marido, há dois anos, venho lutando com muitas dificuldades. A lanchonete onde eu trabalhava fechou e estou ameaçada de despejo pelo dono da casa. Devo quatro meses de aluguel e um empréstimo que o proprietário me concedeu.

– Quanto a isso, não se preocupe – tranquilizou Carlos. Nosso companheiro Sidônio, juiz aposentado, ficará encarregado de fazer o acerto com seu locador.

– Não sei como agradecer – disse, emocionada, Maria de Lourdes. – Tenho orado muito, tenho certeza de que meu marido está inspirando os senhores. Ele era muito preocupado com nosso bem-estar.

– Certamente – concordou Carlos. – Nossos amados que partiram sempre nos ajudam nos momentos difíceis.

***

Naquele mesmo dia, fazendo-se acompanhar de um delegado amigo, Sidônio procurou o proprietário do imóvel.

– Sou juiz aposentado e meu companheiro é o doutor Farias, delegado de polícia. Soubemos que o senhor está fazendo chantagem com a senhora Maria de Lourdes, pretendendo levá-la, bem como suas filhas, à prostituição. O que nos diz?

O homem pôs-se a tremer.

– Não, doutor, de forma alguma!... – balbuciou, apavorado. Jamais faria isso!

– Temos o depoimento de dona Maria de Lourdes gravado.

– Pelo amor de Deus, ela certamente não entendeu a minha proposta...

O delegado olhou sério para o proprietário e falou:

– Estou imaginando que talvez ela tenha entendido mal quando o senhor lhe disse que perdoava os quatro meses de aluguel atrasado, bem como o empréstimo, e que ela poderia ficar no imóvel pelo tempo que desejasse...

– Sim, é isso mesmo!

– Muito bem – falou Sidônio. A fim de evitar problemas futuros, ela vai deixar o imóvel. Para ficar tudo certo, por favor, assine um recibo de quitação dos aluguéis atrasados e do empréstimo.

Aliviado, o apavorado proprietário emitiu e assinou o recibo, considerando que o prejuízo fora pequeno, ante a perspectiva de ir preso.

***

Dias depois Maria de Lourdes instalava-se na instituição, revelando-se desde logo excelente e dedicada funcionária, além de mãe prestimosa de duas filhas que em breve evidenciam promissores dons mediúnicos.

Após um período de adaptação ao mundo espiritual, revelando humildade e boa vontade, Ariovaldo pediu aos mentores espirituais autorização para colaborar nos serviços do *Aprendizes*, em valiosa atuação junto a Espíritos como ele, egressos da vida física vitimados pela imprudência.

Prontamente atendido, transformou-se em dedicado colaborador da instituição, como costuma acontecer com beneficiários da espiritualidade, que entendem, nos percalços humanos, generosa convocação ao esforço do bem e da verdade, que promovem nosso ingresso no Reino de Deus.

Capítulo 18

SURPRESA FELIZ

Sob inspiração do Espiritismo, Suzana tornara-se professora dedicada, que procurava, antes de tudo, ser amiga dos discípulos.

Para tanto sempre buscava meios de entender melhor seus pupilos, de forma a ajudá-los nesse período difícil, em que o Espírito toma posse de sua personalidade, a partir dos quatorze anos.

Percebia que muito das impertinências e indisciplinas que revelavam traduzia a perplexidade de quem acorda para a vida, sem a mínima noção do que está fazendo no mundo, com a tendência a adotar postura de rebeldia, em favor de sua autoafirmação.

No início do ano letivo, ela costumava sugerir uma redação especial aos seus alunos. Que falassem de si mesmos, de sua família, de seus ideais, apresentando-se.

As composições foram variadas, atendendo à índole e às possibilidades de cada um, algumas sintéticas, outras prolixas, mas suficientes para traçar o perfil da classe, favorecendo uma apreciação coletiva.

A redação de um dos alunos foi uma revelação:

Meu nome é Lucas Savastiano.

Meu pai, Olavo, faleceu antes de meu nascimento. Minha mãe, Jussara, é filha única. Também não conheci os avós paternos nem os maternos. Somente meu avô Josafá, pai de minha mãe, continua vivo, mas nem o conheço.

Desde que me entendo por gente, é minha mãe quem cuida de mim. Trabalha como corretora de imóveis.

Mamãe não gosta de comentar o passado. Só sei que se aborreceu com meu avô Josafá, que sempre impõe sua vontade. Ele negou a autorização para o namoro. Nem mesmo quis receber meu pai. Mamãe veio grávida para São Paulo quando meu pai se suicidou. Afastou-se de meu avô, atribuindo a ele, à sua intransigência, a morte do amado. A ideia era casá-la com um primo rico.

Ela se preocupa com meu futuro, repetindo sempre que sou a razão de ser de sua existência, mas percebo que não está feliz e ainda não conseguiu superar o choque de ver seu amado fugir da vida pela porta do suicídio.

Não tenho muito tempo, nem disposição para participar mais ativamente das atividades escolares, porquanto empenho-me em estar mais tempo com ela, amenizando seus pesares. Já a surpreendi várias vezes a falar que se não fosse por mim já teria partido há muito à procura do seu amado noivo no Além.

Suzana leu, tomada de emoção, a narrativa de Lucas.

Nunca tivera notícia da namorada do irmão.

Após a tragédia, ela e Rosália mudaram para São Paulo, sem conhecê-la.

Nem Jussara, nem ninguém de sua família, esteve presente no sepultamento.

Quinze anos se passaram, mas Suzana, na época uma adolescente, guardara indeléveis as dores e constrangimentos daquele período conturbado. Nunca esqueceria o sofrimento que se abatera sobre ela e Rosália ao saberem que Olavo se enforcara.

Agora sabia por que Lucas, desde o primeiro momento em que o vira, a sensibilizara. O sofrido adolescente que revelava suas mágoas era seu sobrinho, filho de Olavo.

***

À noite Suzana procurou José Maria no Centro. Após relatar o ocorrido, comentou, sensibilizada:

– Estranhos os caminhos da vida! O namoro de meu irmão que terminou em tragédia teve desdobramentos, culminando no encontro com meu sobrinho. Mamãe dizia que meu pai tinha profunda admiração pelo evangelista Lucas e que seu primeiro filho levaria seu nome. Até isso!

– Não há dúvida, Suzana.

– E o que devo fazer?

– Digamos que o destino está batendo à porta. Certamente o próprio Olavo trabalhou para que esse encontro acontecesse. Converse com o menino.

***

No dia seguinte, Suzana pediu a Lucas que ficasse na classe após a aula. Conversaram a sós.

Procurando conter a emoção, ela iniciou o diálogo:

– Lucas, gostei de sua redação, bem redigida, texto claro, organizado. Gostaria de ter algumas informações complementares. A primeira: vocês vieram de João Pessoa?

– Como sabe disso? – surpreendeu-se o adolescente.

– Fique tranquilo. Depois explicarei.

– Sim, a única informação que tenho de minha mãe é que viemos de João Pessoa, mais exatamente ela veio, alguns meses antes de meu nascimento. Fica nervosa quando toco no assunto. No registro de meu nascimento não há o nome de meu pai.

– Sabe como morreu?

– Suicidou-se, segundo minha mãe, quando meu avô proibiu o namoro. Pretendia casá-la com um primo rico. Após a tragédia ela fugiu e veio para São Paulo, afastando-se de seu pai, que considerava responsável pelos acontecimentos.

– Posso visitar sua mãe?

– Ela é meio arredia, mas tudo bem. Falarei que é assunto da escola.

– Ótimo, estarei lá por volta de 20 horas, amanhã.

***

José Maria considerou melhor Suzana fazer a visita sozinha.

No dia seguinte, dentro do horário combinado, ela entrava num condomínio de classe média, dirigindo-se a singela residência, no endereço indicado.

Lucas a recebeu, levando-a a pequena sala de visitas, onde Jussara a aguardava.

Suzana deparou-se com uma senhora de meia idade, expressão sofrida, prematuramente envelhecida, mas conservando traços de uma beleza que certamente encantara Olavo.

– Seja bem-vinda – falou acolhedora.

Suzana procurava conter a emoção.

– Obrigada, Jussara, não sabe como fico feliz em conhecê-la. Meu irmão falava muito de você.

– Seu irmão?

– Sim, Olavo.

Lucas acompanhava surpreendido o diálogo que se iniciava. Aturdida, Jussara balbuciou:

– Olavo?! Meu Deus! Agora vejo por que você me parece familiar. Você é Suzana, a irmã de Olavo!

Sem conter a emoção, ambas abraçaram-se a chorar.

Procurando recompor-se, Jussara falou:

– Olavo falava muito de você e de dona Rosália. Eu bem desejei aproximar-me de ambas, mas os acontecimentos precipitaram-se. Meu pai foi frontalmente contrário ao namoro. Insistia que deveria casar-me com Rogério, um primo rico e apaixonado por mim. A situação estava tensa. Eu e Olavo planejávamos fugir, mas, para minha surpresa ele enforcou-se. Revoltada com meu pai e também perplexa com a iniciativa de Olavo, fugi, cortando os vínculos com papai. Sou filha única. Minha mãe faleceu bem antes daquela tragédia. Lucas nasceu em São Paulo e desde então venho trabalhando como corretora de imóveis, centralizando a vida nos cuidados de meu filho.

– De nossa parte – falou Suzana, também viemos, mamãe e eu, para São Paulo. Ela era excelente doceira, fazendo o suficiente para nos manter. Fiz faculdade e hoje trabalho no magistério.

– Estivemos tão perto e só agora nos encontramos...

– Encontro providencial, Jussara, porquanto tenho uma notícia que vai lhe dar muita alegria. Em primeiro lugar, deixe-me dizer que sou espírita e participo ativamente de um Centro Espírita.

– Coisa do demônio, segundo minha igreja – comentou Jussara sorrindo. – Não se preocupe. São excessos da igreja pentecostal que frequento. Os espíritas são conhecidos pela caridade que praticam. Se for obra do demônio, abençoado seja. Mudou de lado!

– Perfeito, Jussara. Digo-lhe que o Espiritismo é uma bênção, o Consolador prometido por Jesus, que nos permite entrar em contato com nossos amados que partiram, nosso querido Olavo, por exemplo.

– Olavo?!

– Sim, temos um médium muito sensível, no Centro Espírita que frequento. Ele conversou com Olavo e ficou sabendo que meu irmão não se matou. Foi assassinado. Segundo ele próprio informou, deram-lhe um golpe na carótida, provocando um desmaio. Em seguida o penduraram na corda. Crime perfeito, diante da justiça humana.

– É incrível o que você está revelando, mas faz sentido – balbuciou Jussara. – Estávamos para fugir e ambos muito felizes. Não havia nenhuma razão para Olavo matar-se, mas a polícia apurou o caso e o situou como suicídio. Sofri muito. Você tem certeza dessa informação?

– Sem nenhuma dúvida.

– Se o mataram, teria sido meu pai o responsável? – indagou, nervosa.

– Segundo nos informou Olavo, foi seu primo.

Jussara estava simplesmente abismada.

– Meu primo!... Rogério era apaixonado por mim e não se conformava com o fato de romper um compromisso de família, o nosso casamento. Então o problema todo estava com ele, não com meu pai! De qualquer forma, a justiça foi feita. Tive notícia de que ele faleceu há cinco anos, vitimado por câncer na garganta, após meses de grande padecimento.

– Lei de causa e efeito...

– Causa e efeito?

Suzana sorriu.

– Desculpe, estava pensando em voz alta. Ainda conversaremos a respeito. Essa informação foi transmitida por Olavo a José Maria. E tenho um recado. Ele pede que você volte para João Pessoa. Seu pai está muito doente e precisa de você.

Jussara não cessava de surpreender-se. Periodicamente recebia informações de seu pai por intermédio de uma amiga. Ultimamente perdera o contato com ela. Vinha sentindo, há dias, o impulso de visitá-lo. Resistia por não saber como ele receberia o neto. Além do mais, até então o culpava pela morte de Olavo. Diante daquelas revelações, o retorno tornava-se imperioso.

Dias depois, um táxi que tomaram no aeroporto, em João Pessoa, levou Jussara e Lucas à casa onde ela nascera e morara até partir para São Paulo.

Com emoção, tocou a campainha, mal contendo as lágrimas quando Zelinda, a velha serviçal, abriu a porta.

Abraçaram-se, emocionadas.

– Deus seja louvado! Nosso pai celestial ouviu minhas preces. O senhor Josafá está precisando muito de sua presença. Você sumiu!

– E como está ele?

– Mal, muito mal. E só fala em você.

Deixando Lucas em sala próxima, Jussara entrou com Zelinda no quarto do pai.

Ela surpreendeu-se com o abatimento daquele homem forte e bem disposto, juiz severo que dirigia a família e os negócios com braço de ferro.

Era um espectro do que fora, debilitado, trêmulo, tomado pelo mal de Parkinson.

– Senhor Josafá – falou Zelinda, está aqui uma visita...

– É alguém com notícia de Jussara? – perguntou, ansioso.

– É a Jussara, papai...

– Jussara, minha filha!

O ancião debulhava-se em lágrimas, estendendo os braços e acolhendo a filha de junto ao peito.

– Ah! Minha filha! Como supliquei a Deus que não me deixasse morrer antes de pedir-lhe perdão. Se eu não tivesse sido tão intransigente, nada de mal nos aconteceria. O suicídio de seu namorado e a sua fuga abalaram-me demais. Minha vida nunca mais foi a mesma, depois de sua partida. Perdoe-me, minha querida, por piedade!

Jussara percebeu que o pai não tinha consciência do crime cometido por Rogério. Foi um alívio.

O pai, ansioso por extravasar o que ia em sua alma, continuou.

– Quando você me disse que não se casaria com ninguém que não fosse seu namorado, a princípio, como você sabe, fiquei furioso, mas com o passar dos dias reconheci que você tinha o direito de decidir sua vida. Afinal, o respeito pela liberdade do próximo é um princípio elementar para um juiz. Comentei com Rogério minha decisão, tudo seria acertado, porém, dias depois, veio a notícia de que seu namorado se suicidara e, pior, você desaparecera. Nestes anos todos respeitei sua decisão de afastar-se, sentindo-me culpado pelo que acontecera, mas agora eu não queria morrer sem lhe pedir perdão.

Pobre papai! – considerou Jussara, intimamente. Não tem ideia do que aconteceu. Melhor que não fique sabendo.

– Vamos deixar as coisas do passado no passado, papai. Não há nada a perdoar. Todos fomos colhidos pelo imprevisto. Ficarei com o senhor, sim, mas com uma condição.

– Fale, filha. Farei o que desejar.

– Não estou sozinha.

– Casou-se? Ótimo, acolherei seu esposo como um filho.

– Não, papai, não me casei, nem tenho companheiro. O senhor tem um neto.

– Neto?

– É Lucas, filho de Olavo.

– Lucas... Lucas – repetiu várias vezes entre lágrimas.

E agora eufórico, como se poderoso elixir reanimasse suas energias, bradou, feliz:

– Onde está meu neto?! Meu neto!

Conduzido por Zelinda, Lucas entrou.

E foi uma explosão de emoções, presenciada por Olavo e Rosália, a sorrirem felizes.

Jussara nada sabia de Espiritismo, mas tinha uma certeza: queria conhecer aquela doutrina que nos aproxima de quem vive no Além para nos reaproximar dos que vivem conosco na Terra.

Capítulo 19

CORRENTE DE ORAÇÃO

Por volta de vinte e três horas, numa quarta-feira, os componentes do grupo mediúnico *A serviço do Mestre* receberam, via Whatsapp, uma mensagem urgente.

"Corrente de oração!"

Era um código combinado com José Maria, que estaria atuando em favor de alguém e precisava de apoio vibracional.

Carlos, Suzana e todos os demais membros do grupo entraram imediatamente em oração, concentrando seu pensamento no médium.

A situação era complexa.

Entrara no táxi um homem de cerca de sessenta anos, expressão sombria, possuído por pensamentos sinistros.

José Maria, como ocorria frequentemente, fora conduzido por Teotônio até determinado local na Avenida Santo Amaro sincronizando sua passagem no momento exato em que o homem dispusera-se a tomar um táxi.

José Maria logo percebeu que ele estava literalmente fora de si. Deu-lhe um endereço e silenciou, extremamente tenso, a tremer, como prestes a um surto psicótico.

José Maria viu Teotônio afastando uma entidade trevosa que se imantara ao passageiro. Depois o mentor lhe disse:

– Este homem está enlouquecido de ciúmes. Sua jovem e bonita esposa se casou por interesse e tem um amante. Ele, que vinha desconfiado, contratou um detetive. Há pouco recebeu a informação de que ambos estão num motel. A intenção dele é surpreendê-los, matar ambos e matar-se, em total desvario.

– E o que faço? – perguntou José Maria, mentalmente.

– Na próxima rua está havendo um congestionamento. Você terá que esperar. Envie o pedido de socorro ao grupo, conforme combinado. Quando acontecer, concentre-se em oração. Será preciso uma medida drástica para evitar o pior.

José Maria cumpriu a recomendação e, ao estacionar o carro no congestionamento e entrar em oração, perdeu a consciência, entrando em transe profundo.

Minutos depois, ouviu os carros que buzinavam atrás, José Maria despertou e viu pelo retrovisor seu passageiro derramando-se em lágrimas.

José Maria movimentou o automóvel e o estacionou adiante. Pôde então, voltar-se para o passageiro, que continuava a chorar, um choro convulsivo que parecia lavar sua alma...

Passados alguns minutos, perguntou:

– Então, meu amigo, tudo bem? Quer que o leve a um hospital?

– Não. Estou bem. Apenas peço que o senhor me explique o que aconteceu aqui. Que mágica foi essa?

– Mágica?

– Sim! Mágica, uma mágica abençoada!

E o homem derramou-se novamente em lágrimas.

Aos poucos se conteve.

– Se o senhor disser o que aconteceu, talvez possa lhe explicar. Não vi nada – explicou José Maria.

– Não viu nada? Foi uma alucinação minha?

– Não, não é isso. Devo dizer-lhe sou médium espírita às vezes os mentores espirituais usam meus recursos mediúnicos para promover fenômenos de comunicação. Quando isso acontece, não vejo nada.

– Pois saiba que o senhor evitou uma tragédia.

– Tragédia?

– Sou viúvo. Minha esposa e filha morreram num acidente há cinco anos.

O homem voltou a chorar, até que conseguiu dominar-se.

– Casei-me em segundas núpcias. Acabo de ser informado, em meu escritório de advocacia, que minha esposa, bem mais jovem, tem um amante. Quando entrei em seu táxi a intenção era ir ao motel onde estão, matá-los e matar-me. No entanto, quando o carro parou no congestionamento, minha filha, minha amada filha, surgiu ao meu lado, expressão serena e triste, a dizer: – O que é isso, papai? Como pode um advogado, que defende a lei fazer justiça com as próprias mãos?

Após enxugar novas lágrimas que insistiam em rolar pelas faces, continuou:

– Não se tratava de uma alucinação. Era minha filha, minha filha amada que vinha do Além a segurar o braço da vingança!

E voltava a torrente das lágrimas.

Quando ele se recompôs, José Maria explicou:

– Rendamos graças a Deus, meu irmão, que permitiu que minhas faculdades mediúnicas fossem usadas para que sua filha viesse ao seu encontro, evitando que cometesse uma loucura, da qual haveria de se arrepender amargamente.

Recompondo-se o atribulado passageiro, informou:

– Foi um fenômeno espantoso. Não tenho nenhuma dúvida de que foi minha filha quem me procurou. A emoção foi muito grande, estou exausto. Peço-lhe deixar-me em minha residência.

E informou seu endereço no Morumbi.

– Tem certeza de que está bem? – perguntou José Maria.

– Sim, não se preocupe. Não cometerei nenhum desatino, nem poderia, depois do que vi. Gostaria de ter um cartão seu para conversarmos melhor.

José Maria entregou-lhe um cartão com o endereço do Centro e seu telefone.

– Estarei à sua disposição. Fique com Deus.

O passageiro retirou um maço de notas de 100 reais e o estendeu a José Maria, dizendo, emocionado:

– Não há dinheiro que pague o benefício que me proporcionou, mas leve, por favor, é o preito de minha gratidão.

Jose Maria recusou o dinheiro, explicando:

– Quando estamos a serviço do Senhor, não podemos cobrar. Apenas uma recomendação: ligue-se à corrente do bem, elimine para sempre de seu coração a ideia de vingança e, como advogado, ajude os humildes. Quanto ao mais, meu irmão, Deus proverá.

Após abraçar aquele motorista desconhecido, que surgira em momento crucial de sua existência, o advogado entrou na rica mansão de alma renovada, disposto a seguir o conselho recebido, enquanto José Maria digitava no Whatsapp aos companheiros:

Tudo bem. Dio sia lodato.

***

Uma semana depois, José Maria atendeu ao celular:

– Bom dia, senhor José Maria.

– Bom dia...

– Sou o passageiro que o senhor salvou de cometer uma loucura. Lembra-se? Nem cheguei a apresentar-me. Sou Laurentino Batista. Pode vir buscar-me?

– Sem dúvida. Estarei aí em dez minutos.

Pouco depois o advogado entrava no táxi.

– Embora não nos conheçamos mais amplamente, confio no senhor e tenho um profundo sentimento de gratidão, por salvar-me de cometer uma loucura. Providências estão sendo tomadas. Com as provas que tenho de sua infidelidade, minha esposa concordou em sair de casa e em breve estaremos divorciados. É uma página a virar em minha vida.

– Fico feliz em ter contribuído para isso, servindo de intermediário para que sua filha o socorresse.

– Não tenho dúvida quanto a isso. Apenas peço-lhe explicar-me como foi aquilo possível.

– Em princípio é simples. Sua esposa e filha ficaram preocupadas com o senhor, diante do que estava acontecendo, e pediram socorro aos nossos mentores espirituais. Saiba que o que aconteceu não é comum. Só foi possível por merecimento do senhor. Informou-me meu mentor espiritual que o senhor é dos raros advogados que não olham a conta bancária dos clientes, e que participa de uma ONG que atende pessoas carentes. Beneficiários de suas ações filantrópicas mobilizaram-se, criando condições para que sua filha o socorresse, materializando-se por instantes.

– Não tenho dúvida quanto a isso, mas devo dizer-lhe que desde meus primeiros tempos como advogado agi com absoluta honestidade, e sem olhar a conta bancária dos clientes, interessado apenas em fazer valer princípios de justiça. Quanto ao fenômeno ocorrido, gostaria de inteirar-me a respeito.

– Ótimo. Não é assunto para simples conversa. Por orientação de meu mentor, trouxe-lhe um livro básico, sugerindo que o leia primeiro. Depois conversaremos a respeito.

José Maria entregou-lhe um exemplar de *O Livro dos Espíritos,* que seria apenas o primeiro dos muitos que o doutor Laurentino leria, tornando-se com o tempo um dos mais dedicados colaboradores do *Aprendizes do Evangelho.*

Capítulo 20

MORATÓRIA MISERICORDIOSA

Seis anos haviam decorrido, desde aquela noite em que José Maria livrara Suzana de cometer um desatino, no inesquecível táxi, palco de tantas ações espirituais em favor de passageiros mal inspirados.

– Seis anos! – suspirava Suzana, no mesmo táxi conduzido pelo dedicado médium, em visita de assistência espiritual.

– O tempo voa, minha querida, e acabará nos levando para o além, em prazo longo para a experiência terrestre, segundos na eternidade.

Suzana comentou, nostálgica:

– Estremeço ao pensar que por uma reação infeliz diante de um "fora" do noivo cheguei a cogitar de gesto insensato, que complicaria meu futuro.

– Infelizmente, não obstante os esforços de mentores espirituais, muitos Espíritos regressam ao plano espiritual por um "momento de bobeira". A pessoa encasqueta a ideia de que sua vida está perdida e mergulha na insensatez, não raro sob influência de malfeitores do Além.

– Quanto tempo perdido, séculos talvez, por um momento de desatino!

– Sem dúvida, Suzana, embora devamos reconhecer as atenuantes da ignorância e da influência espiritual. Seu caso é exemplar. Uma reação indevida, sustentada pela ignorância...

Haveria atenuantes, mas certamente não a livrariam de consequências desagradáveis.

– Tenho uma dúvida, José Maria. Digamos que eu me atirasse do viaduto e não morresse. Ficasse, por exemplo, paraplégica. Seria um castigo, sob a regência da lei de causa e efeito?

– Diríamos, mais acertadamente, que seria uma manifestação da misericórdia divina, livrando-a de tormentos bem maiores no mundo espiritual.

– O débito estaria ressarcido com as limitações físicas da paraplegia?

– Não propriamente o ressarcimento de um débito, mas a oportunidade de uma redenção, dependendo, naturalmente, de seu comportamento diante daquela limitação. Sei de dois casos ilustrativos, dois assistidos no Centro. No final de semana costumamos visitá-los. Se você concordar, irá conosco.

– Quero sim, sempre será uma oportunidade de aprendizado.

***

No sábado José Maria conduzia Suzana e o casal Estefânia e Altamiro para as visitas programadas.

Estefânia explicou a Suzana:

– Nosso assistido, Demétrio, tentou o suicídio há cinco anos, atirando-se do quarto andar do edifício em que reside. Fraturou a coluna vertebral e ficou tetraplégico, paralisia total. Só movimenta a cabeça e respira por aparelhos. A irmã, única parente, em boas condições financeiras, garante o tratamento que o mantém vivo.

– E o paciente? Como vem reagindo?

– Infelizmente, mal. Nem nos recebe, sempre revoltado. Desejoso de morrer. Se dependesse dele já teria providenciado o suicídio. A irmã cuida dele com carinho e não admite a ideia do suicídio, que seria encarada com naturalidade por qualquer pessoa sem vínculos religiosos.

– É um caso estranho – ponderou Suzana. – Será útil esse estágio imobilizado no leito, se mantém refratário à assistência espiritual?

– É sempre útil, muito útil – interveio José Maria. Embora façamos o trabalho assistencial numa sala ao lado de seu quarto, sem que ele participe diretamente, vejo os mentores espirituais trabalhando, afastando entidades perturbadoras que ele atrai e submetendo-o a tratamento magnético.

– O mais importante – comentou Altamiro – é que Marilu, sua irmã, tem notado que ele já não está revoltado. Noutro dia concordou em ouvir a leitura do *Evangelho segundo o Espiritismo*, que ela sempre lhe oferece. Ele está cedendo e nos dizem os mentores que se ele mudar suas disposições estará em melhor situação ao desencarnar. Praticamente estão esperando por isso, a sustentá-lo no corpo.

O grupo foi recebido com alegria por Marilu, que tinha naquelas reuniões singelas um recurso valioso em favor de sua própria estabilidade física, no empenho por ajudar o irmão querido.

– Então, Marilu? – perguntou José Maria, como vai o nosso Demétrio?

Marilu esboçou um sorriso.

– Temos feito progressos. Nos últimos dias meu irmão concordou em ouvir a leitura de *O Evangelho segundo o Espiritismo*. Em algumas passagens, surpreendo lágrimas em seus olhos...

– Ótima notícia, Marilu! Nossos mentores estão conseguindo sensibilizá-lo!

– Deus o ouça! Os médicos acham que ele não resistirá por muito tempo. Seria maravilhoso vê-lo aceitar a assistência espiritual...

– Continuemos orando...

Para surpresa dos visitantes, o enfermeiro veio avisar que Demétrio pedia que a reunião fosse em seu quarto.

Cadeiras foram providenciadas e entraram todos.

– Então, meu caro Demétrio, como vai? – perguntou José Maria, percebendo que o paciente estava amparado por sua mãe desencarnada, que o abraçava carinhosamente.

Diferente de outras oportunidades, em que recebera os visitantes literalmente "com pedras na mão", ele esboçou um sorriso triste.

– Não posso responder afirmativamente quanto ao meu estado físico, mas não posso negar que passei a sentir-me melhor depois que concordei em ouvir a leitura do *Evangelho*. Tem me feito muito bem!

– Perfeito, Demétrio. O magnetismo que emana das lições de Jesus é o alimento ideal para nossas almas sequiosas de paz.

Iniciada a reunião, com uma prece de José Maria, a evocar as bênçãos de Deus, Marilu leu o item sete capítulo sexto de *O Evangelho segundo o Espiritismo: "O Cristo Consolador"*, mensagem assinada pelo Espírito de Verdade:

Sou o grande médico das almas e venho trazer-vos o remédio que vos há de curar.

Os fracos, os sofredores e os enfermos são os meus filhos prediletos.

Venho salvá-los.

Vinde, pois, a mim, vós que sofreis e vos achais oprimidos, e sereis aliviados e consolados.

Não busqueis alhures a força e a consolação, pois que o mundo é impotente para dá-las.

Deus dirige um supremo apelo aos vossos corações, por meio do Espiritismo.

Escutai-o.

Extirpados sejam de vossas almas doloridas a impiedade, a mentira, o erro, a incredulidade.

São monstros que sugam o vosso mais puro sangue e que vos abrem chagas quase sempre mortais.

Que, no futuro, humildes e submissos ao Criador, pratiqueis a sua lei divina.

Amai e orai; sede dóceis aos Espíritos do Senhor; invocai-o do fundo de vossos corações.

Ele, então, vos enviará o seu Filho bem-amado, para vos instruir e dizer estas boas palavras:

Eis-me aqui; venho até vós, porque me chamastes.

José Maria preparava-se para os comentários, quando foram todos surpreendidos pelo paciente que, em voz forte, surpreendente para alguém em seu estado, proclamou:

– Meu Deus, meu Deus! Perdão, Senhor, perdão para este pecador que não sabe o que faz! Perdão, meu pai!

A comoção era geral. Após longos momentos a chorar copiosamente, Demétrio dirigiu-se aos presentes.

– Perdoem-me todos, senhor José Maria, por minha agressividade, por minha incúria. Perdão, Marilu, minha irmã querida, pelo trabalho que estou lhe dando! Perdoem-me, perdoem-me, por misericórdia!

José Maria via, pela vidência mediúnica que aquela crosta escura, como se fosse piche a esparramar-se pelo corpo de Demétrio, dissolvia-se rapidamente, e seu perispírito, até então oferecendo o lamentável espetáculo de uma casa em ruinas, recompunha-se, acariciado por sua mãezinha

Eudóxia, Demétrio adormeceu, enquanto José Maria orava, agradecendo a Deus pela graça daqueles instantes.

Ao despedir-se de Marilu, informou:

– Felizmente, tudo correu bem. Demétrio poderá retornar à espiritualidade, sem estágio no umbral.

No automóvel, afastando-se da residência, Suzana perguntou:

– E se Demétrio desencarnasse sem o arrependimento, sem voltar-se para Deus? Cumpriria pena no umbral?

– Certamente, mas considere que o umbral não é uma penitenciária, onde os Espíritos cumprem sentença. Ele tenderia a ficar ali até que "caísse em si", conforme a expressão de Jesus na parábola do filho pródigo. Seria mais demorado e mais sofrido. Por isso foi tão importante acontecer antes da morte.

***

Dias depois, sob assistência dos benfeitores espirituais, Demétrio retornaria à espiritualidade, sem estágio umbralino.

Capítulo 21

A VOLTA POR CIMA

Após rápido percurso, José Maria estacionou em residência singela, num bairro de classe média.

– Aqui mora Solange, assistida de nossa casa há cinco anos. Sua história tem algo a ver com a sua, Suzana. Estava noiva, feliz, tecendo mil planos de felicidade, quando recebeu do noivo a informação de que ele se apaixonara por outra mulher.

Desatinada, em reação infeliz, ela atirou-se de antiga ponte nas proximidades de sua casa, sem que amigos espirituais pudessem evitar.

– Faltou um José Maria salvador – lamentou Suzana.

– Eu nem estava em São Paulo e ela acabou gravemente ferida. Ficou tetraplégica, embora não tão grave como Demétrio. Respira sem aparelhos. Começamos o trabalho de assistência espiritual tão logo ela deixou o hospital, com o apoio de seus pais. Solange tem um histórico diferente. Desde o início de nossas reuniões de assistência, com a aplicação de magnetismo, revelou-se receptiva à ajuda espiritual e à iniciação espírita.

– E o noivo?

– A princípio aproximou-se, tomado de remorsos, mas acabou por afastar-se de vez. Não podemos condená-lo, porquanto a ligação entre ambos guardava a inspiração da paixão, o envolvimento de corpos, sem afinidade das almas.

Diríamos tratar-se de desvio de rota, agravado pela tentativa de mergulho no abismo do suicídio.

Os visitantes foram recebidos por Jurema e Jorge, pais de Solange. José Maria apresentou a nova visitante.

– Esta é Suzana, nossa colaboradora no Centro.

– Seja bem-vinda, minha filha – disse Jurema, sorridente, abraçando-a.

Em breves momentos os visitantes entravam no quarto da paciente.

Suzana teve uma surpresa. Guardava a impressão de entrar num ambiente iluminado. Uma luz diferente emanava da jovem reclinada em uma poltrona.

José Maria a beijou, carinhoso.

– Então, minha querida, como vai essa jovem maravilhosa?

– Cada vez melhor, com a graça de Jesus e de nossos mentores espirituais.

– E com a graça de uma jovem que transformou sua cruz em instrumento de trabalho... Tenho acompanhado suas "estripulias" no Facebook, mensagens cheias de amor e esperança...

– Bondade sua, José Maria. O Facebook é minha janela para o mundo, minha oportunidade de oferecer algo de minha alma, de meu coração, a pessoas que buscam esperança. Na verdade, a maior beneficiária sou eu mesma. Como aprendi com você, a prática do Bem é o objetivo da Vida. É o bem dos outros que faz nosso próprio bem, o sorriso em lábios alheios sustenta nosso sorriso...

– Que bonito, Jurema! Nunca tinha pensado nisso. Você tem razão. Ajudar pessoas é a melhor maneira de nos ajudarmos – comentou Suzana, emocionada.

– O Espiritismo é o nosso manual para o bem, José Maria e demais companheiros são nossos professores dedicados...

– E a saúde, como vai? – perguntou José Maria.

Sempre sorridente, a jovem informou.

– Lembram quando faziam essa pergunta a Chico Xavier e ele dizia que o corpo estava mal, mas o Espírito sempre bem? Estou em vantagem. Posso dizer que o corpo está melhorando sempre e a alma, ah! a alma! Como poderia ir mal a alma, se temos Jesus em nossa vida!

Após breve pausa, dando tempo à emoção, Solange continuou:

– Com os exercícios físicos disciplinados e a assistência espiritual, recuperei o movimento dos braços e posso trabalhar hoje no computador. É uma bênção meus amigos!

– E o nosso Jair? Está dando conta do recado? – perguntou José Maria.

Solange fez mais largo o sorriso.

– Melhor que a encomenda. Quando você o indicou, eu não tinha ideia de que ele seria tão importante, tão dedicado e amigo.

– E cuida bem do coração de nossa filha – adiantou Jurema.

Solange enrubesceu.

– Não reparem. Mamãe está ansiosa por livrar-se de mim, mas é inútil. Jamais a deixarei.

José Maria interveio.

– Tenho notado que o Jair anda sorridente ultimamente...

– Está bem, vou entregar-me – adiantou Solange. Realmente, estamos conversando. Mais que um fisioterapeuta, o Jair é o homem de minha vida. Nunca pensei pudesse haver uma afinidade tão grande entre duas pessoas. Estou muito feliz.

A conversa estendeu-se ainda por alguns momentos, agradável, inspiradora.

No início da reunião para aplicação do passe magnético, Solange pediu para fazer a prece de abertura:

– Senhor Jesus, aqui estamos reunidos em teu nome, para agradecer pela bênção do teu Evangelho, que toca nossa sensibilidade e nos convida a sermos irmãos; pela bênção do Espiritismo, uma visão tão ampla dos objetivos da existência humana e do glorioso futuro que nos está reservado; a bênção de termos em nossa vida a mestra dor, que nos sensibiliza a alma, que nos aproxima de Deus; pela bênção de tantas amizades em nossa vida, como maravilhosos cireneus que sempre tornam leve o fardo que carregamos; sobretudo, Senhor, agradecemos pela bênção do trabalho no campo do Bem, trabalho que nos sustenta, que nos alegra, que nos realiza…

Em clima de emoção, transcorreu o serviço de passes, estendidos a Solange e seus pais.

Após a prece de agradecimento pronunciada por Suzana, José Maria falou:

– Hoje tivemos um visitante ilustre, o doutor Bezerra de Menezes, que deixou um recado para você, Solange. Disse que agora você sabe que por mais rigoroso o inverno, a primavera sempre chega.

Lágrimas abundantes afloraram nos olhos de Solange.

– Não assustem – falou, veemente. São lágrimas de alegria, muita alegria. Quando perdi os movimentos passei a imaginar minha existência como um inverno rigoroso, frio e escuro, sem flores, sem perfume, em que eu simplesmente desejava morrer. Isso passou, minha vida se iluminou, as flores chegaram… Estou muito feliz e agradecida a Deus!

No automóvel, já de retorno, Suzana comentou:

– Hoje aprendi uma lição inesquecível. Diante das consequências de nossos erros, a postura negativa apenas intensifica nossas dores, sem acrescentar absolutamente nada aos nossos patrimônios espirituais. Com Demétrio a negação, a revolta, o desespero, a redenção depois de muito sofrimento. Com Solange, o resgate consciente, humilde, transformando a própria cruz em abençoada ferramenta de trabalho no campo do Bem.

– Uns tardam mais, outros menos, mas todos acabaremos aprendendo que não há outro caminho em favor de nosso equilíbrio e bem-estar senão o empenho de servir – comentou José Maria.

E completou, para surpresa de todos:

– É tão importante hoje o trabalho de Solange, que ela está muito bem amparada pelos mentores espirituais, terá longa moratória de vida e a graça de um filho, ao lado de seu amado Jair. *Dio sia lodato!*

Capítulo 22

SUICÍDIO INDIRETO

O tio de Carlos, Olegário, era um paciente terminal, pulmões tomados pelo enfisema, doença geralmente provocada pelo vício do cigarro, com redução da capacidade pulmonar na oxigenação sanguínea.

Morava com uma filha solteira, mas ultimamente ficava mais tempo no hospital.

A convite de Carlos, Suzana integrou-se no grupo que lhe prestava assistência. Na visita semanal compareceram ela, Carlos, José Maria e o casal Estefânia e Altamiro.

Tão logo foi apresentada ao paciente, Suzana ficou impressionada com seu estado.

Depauperado, prematuramente envelhecido, pele desgastada, embora tivesse apenas cinquenta e cinco anos, respiração difícil, não obstante o aparelho de oxigenação. E ouviu dele um comentário que jamais esqueceria.

– Tenho um arrependimento em minha vida. Não ter deixado de fumar há trinta anos... Estou pagando um preço alto pelo prazer que o cigarro proporcionava... Não chegava nem a ser um prazer, mas uma necessidade.

Já no táxi de José Maria, após o passe aplicado no paciente, Suzana comentou:

– Fiquei impressionada, Carlos, com a observação de seu tio, reconhecendo que seu sofrimento atual é decorrente de um vício cultivado por longos anos.

– Infelizmente, Suzana, é um problema de considerável parcela da humanidade. Segundo a Organização Mundial de Saúde, perto de cinco milhões de pessoas morrem por ano por problemas gerados pelo cigarro.

– Podemos considerá-las suicidas?

– Sim, suicidas inconscientes. Não tomaram consciência de que estavam abreviando a existência pelo vício.

José Maria completou:

– Isso sem falar da responsabilidade de prejudicarem os próprios familiares, que literalmente "fumam por tabela", aspirando involuntariamente as baforadas. São fumantes passivos. A pessoa que convive com o viciado que insiste em fumar dentro de casa situa-se como alguém que fumasse pelo menos cinco cigarros por dia. Principalmente as crianças são afetadas por esse péssimo hábito dos fumantes.

– É terrível – comentou Altamiro. Um garçom, amigo meu, morreu de câncer nos pulmões decorrente dos muitos cigarros que consumia involuntariamente no restaurante, como fumante passivo.

– Felizmente – completou Carlos – a sociedade civil vai tomando consciência do problema. Se é possível uma "discriminação positiva", é a relacionada com o cigarro. E leis como a proibição de propaganda e de fumar em locais públicos fechados tornam complicada a vida do fumante.

– E quanto ao fumante passivo que venha a contrair câncer nos pulmões, como fica a sua condição? É um suicida inconsciente porque não procurou evitar essa contingência ou seu problema está relacionado a débito cármico, uma fatalidade?

José Maria sorriu.

– O que você acha?

– A primeira hipótese parece-me improvável. Mulheres casadas com fumantes inveterados, que não respeitam o direito do não fumante em não fumar com ele, dificilmente evitariam esse constrangimento. No segundo caso, seria de mau gosto nos tribunais divinos

– Você está aprendendo...

Suzana sorriu, sentindo todo o apreço que o médium tinha por ela.

– Tenho ótimos professores.

Estefânia ponderou:

– Parece-me que é tema a ser abordado em livros e palestras doutrinárias. "Como as pessoas abreviam a vida por falta de cuidado com o corpo".

José Maria concordou, ressaltando:

– Sem dúvida! Na verdade passamos a vida toda maltratando o nosso corpo, essa máquina maravilhosa que Deus nos concede para a jornada terrestre. Dizem os mentores que é tão difícil alguém viver integralmente o tempo de vida de que dispõe e cumprir o que veio fazer na Terra que, ao retornar à vida espiritual, é recebido com festas.

– E quanto ao senhor Olegário? – perguntou Suzana. Se houvesse interesse da espiritualidade, seria possível dar-lhe uma moratória, alguns anos a mais?

José Maria ponderou:

– Dez anos seria bom?

– Parece-me ótimo.

– Foi o tempo que nossos mentores lhe concederam, minha filha. Eles têm todo interesse em ajudar seus pupilos a cumprir o tempo concedido. Certamente Olegário tem compromissos que não serão cumpridos. Ocorre que os Espíritos não são fazedores de milagres. Há limitações. Pelo que me foi informado, não será possível nova dilação. Ele está no limite da proteção espiritual e tudo o que podemos fazer é ajudá-lo a enfrentar com serenidade esse estágio final.

Suzana levantou outra dúvida:

– Embora regresse ao plano espiritual na condição de suicida inconsciente, ele terá a assistência dos benfeitores espirituais?

– Sem dúvida. Se a pessoa tem uma existência decente, sem comprometimentos com o mal, não lhe faltará apoio para a grande transição, porém o problema é mais da condição de quem vai do que da disposição de quem recebe. Ainda que bem amparado, ele estará em más condições perispirituais, provocadas pelo vício. Deverá submeter-se a longos tratamentos e férreas disciplinas para restabelecer o equilíbrio.

– E há que se considerar o futuro – completou Altamiro. – Certamente, em nova existência ele terá problemas nos pulmões, tipo bronquite crônica e asma, que funcionarão não apenas como veículos de limpeza perispiritual, mas, também, como instrumentos de contenção, já que ele tenderá a reeditar o vício do cigarro para o qual adquiriu tendência. Terá a compulsão do vício, mas também a contenção do problema físico.

José Maria completou:

– Teotônio está nos dizendo para não esquecermos a observação de Paulo, na Primeira Epístola aos Coríntios: nosso corpo é o templo do Espírito Santo. Templo é local de veneração, onde devemos entrar contritos, buscando a comunhão com os valores sagrados. Quando cultivarmos o mesmo empenho, em relação ao nosso corpo, o templo sagrado em que entramos para a experiência reencarnatória, haveremos de nos situar como instrumentos abençoados, nas manifestações do Espírito Santo, a representação de Deus em nós. Mais que isso, estaremos habilitados a aproveitar integralmente as oportunidades de edificação da jornada humana, com passaporte para as regiões alcandoradas, quando chegar nossa hora.

Capítulo 23

EXPERIÊNCIAS SURPREENDENTES

A notícia tomou todos de surpresa, terrível... José Maria sofrera um acidente. Motorista embriagado invadira a preferencial, atingindo seu táxi em cheio.

O médium sofrera uma concussão cerebral e estava internado na UTI, entubado e inconsciente, futuro indefinido.

Em breve, dezenas de frequentadores e colaboradores do *Aprendizes* concentravam-se na entrada do hospital.

O ambiente era de consternação.

Todos deviam muito ao médium por sua dedicação, sua sensibilidade mediúnica sempre colocada a serviço dos benfeitores espirituais, trazendo sempre uma palavra de conforto, uma notícia da espiritualidade, um amparo nos momentos difíceis.

A única notícia era a de que José Maria permanecia inconsciente, sem nenhum prognóstico. Era torcer para que o tratamento médico o ajudasse a vencer o trauma e despertasse sem sequelas. Os médicos não prometiam nada, considerando sua idade.

Alguns dias depois, no sábado à tarde, no Centro, a costumeira reunião foi dirigida por Sidônio. Carlos estava no hospital, colhendo notícias junto aos médicos.

Ao encerramento, Sidônio informou:

– Como é do conhecimento de todos, nosso querido José Maria sofreu um acidente e está em coma induzido no hospital. Os médicos não têm prognóstico. Não sabemos o que vai acontecer. Tudo o que podemos fazer por ele neste momento é orar, colocando nosso querido amigo nas mãos de Deus. O Senhor, melhor do que nós mesmos, sabe de nossas necessidades.

– Não seria interessante uma corrente de orações, rogando ao Senhor não nos deixe sem nosso querido amigo? – perguntou uma senhora.

– Sem dúvida – explicou Sidônio – uma corrente de orações é um recurso poderoso. José Maria faz falta, mas, coloquemos nosso amigo nas mãos de Deus. O Senhor terá a melhor solução, ainda que possa contrariar nossa vontade.

– Há algo mais que possamos fazer? – indagou um senhor, revelando preocupação. – Tenho excelentes contatos com neurocirurgiões famosos que podem fazer a diferença.

Sidônio informou:

– Agradecemos sua oferta. É sempre gratificante sentir o interesse e a boa vontade de todos em favor de nosso amigo, porém devo dizer que ele está em boas mãos. Tão logo souberam do acidente, dois neurocirurgiões, amigos desta casa, beneficiários do trabalho de José Maria, estão atentos, dando-lhe plena assistência.

Aproveitando o ensejo, ponderou:

– Tudo o que podemos fazer agora, além da oração, é cessar os comentários, principalmente de condenação ao motorista imprudente. Ele, mais do que o próprio José Maria, precisa de oração. Seu comprometimento fatalmente resultará em penosas reparações de sua parte, nesta vida ou em vida futura.

A reunião foi encerrada e, a partir dali dezenas de orações ganhavam o Céu, em favor daquele missionário do bem, fiel intermediário dos mentores espirituais.

Duas semanas mais tarde, após a sessão pública foi realizada a habitual reunião mediúnica.

Todos procuravam manter a serenidade e a confiança, mas a consternação era geral. José Maria continuava em coma. Os próprios médicos não estavam otimistas.

Talvez viesse a desencarnar...

Talvez não acordasse, permanecendo em estado vegetativo...

Talvez acordasse com sequelas...

Feita a prece inicial, os estudos sobre educação mediunidade e o trabalho de vibrações em favor de enfermos, começou a prática mediúnica.

Um Espírito iniciou sua manifestação por intermédio de Angélica, com uma observação que surpreendeu a todos...

– *Dio sia lodato*!

Era José Maria!

A par do espanto, a tristeza pela constatação de que ele desencarnara e viera pessoalmente dar a notícia.

A consternação durou pouco.

O médium sorriu exprimindo a alegria do Espírito, que continuou, ante o espanto geral:

– Então, minha gente, que jeito de velório está aqui, como se estivessem diante de meu cadáver?! Como dizia um treinador de futebol, vocês vão ter que me aturar. Teotônio me avisou que ainda não mereço deixar em definitivo a prisão física. Enquanto meu corpo está na UTI, aproveito para uma incursão pelo mundo espiritual e uma visita a vocês. E para que não imaginem que é loucura do médium, alguns detalhes que vi quando aqui cheguei antes da reunião pública: Brandão esqueceu de desligar o celular, o que o levou a responder uma mensagem em plena reunião. Papelão! Não foi isso?

Brandão confirmou:

– Foi um descuido e não tive como não responder.

– E nossa querida Suzana distraiu-se da palestra do Fabiano, que fez uma bela apreciação de tema médico à luz do Espiritismo.

– Bisbilhoteiro! Não foi intencional, e durou pouco, mas não vou dizer em que estava pensando – exclamou Suzana, surpreendida e feliz, escondendo o fato de que pensava em Carlos, que estava no hospital, conversando com os médicos.

O Espírito continuou:

– Quando Brandão, dirigindo a reunião, pediu a todos suas orações em meu benefício, gostei de como ele enfatizou que em situações assim devemos entregar tudo nas mãos de Deus, em demonstração de fé.

Suzana, incapaz de conter a emoção, mas sempre curiosa, interessada em compreender os fenômenos mediúnicos, perguntou:

– Fale-nos, José Maria, de sua experiência, tão significativa para nós. E também quando o teremos de volta ao corpo físico.

– Teotônio explicou-me o que tinha acontecido e disse que meu corpo permaneceria adormecido por alguns dias, tempo suficiente para uma excursão. Em companhia dele tenho aproveitado bem o tempo, e estabelecido contato com muitos mentores. Na iminência do acidente provocado pelo motorista invigilante, benfeitores que se servem de minha mediunidade estenderam uma capa protetora que funcionou como um *air bag* espiritual, preservando-me a integridade física, e amenizando desde logo a concussão cerebral. Estou relativamente bem e deverei despertar no corpo em alguns dias...

– Carlos ficará feliz com suas notícias – comentou Suzana.

– Também estou jubiloso em poder comunicar-me com vocês. E diga ao Carlos que não se preocupe tanto comigo, a ponto de distrair-se ao colocar meias. Está com uma azul e a outra preta.

Os participantes da reunião bem gostariam de crivar José Maria de perguntas, mas ele se despediu.

– Ainda estou enfraquecido, não é possível estender a manifestação. Conversaremos melhor quando eu voltar para o mundo dos vivos. *Dio sia lodato*!

Ante o júbilo geral, Brandão encerrou a reunião.

Suzana deu-se pressa a ligar para Carlos, perguntando-lhe antes de informar as boas notícias:

– Qual a cor de suas meias?

Após breve silêncio, Carlos falou, surpreso:

– Na pressa calcei meias de cores diferentes...

– Preta e azul...

***

Quinze dias após o acidente, José Maria, para surpresa dos médicos, acordava na UTI, perfeitamente consciente, sem sequelas, proclamando, feliz:

– *Dio sia lodato*!

Capítulo 24

LIBERADO ENFIM

Sete anos transitaram pelo calendário desde o trágico suicídio de Eunice.

Carlos continuava preocupado com a esposa, a quem dedicava todo o seu trabalho no campo espírita. Em suas orações, rogava a Jesus fosse aplicado em seu benefício o pouco que estava realizando no esforço do Bem.

Sentia-se cada vez mais ligado a Suzana, em quem identificava uma alma irmã, mas permanecia convicto de que não tinha o direito a nada além de uma amizade, enquanto não soubesse que Eunice estava bem.

Estranhava não ter notícias por intermédio de José Maria, tão sintonizado com o plano espiritual.

Constrangia-se em falar-lhe a respeito, como se estivesse cobrando algo indevido. E tinha suficiente esclarecimento para saber que havia razões ponderáveis para aquele silêncio.

Não obstante seu ânimo forte e sua dedicação à Doutrina Espírita, seu ponto fraco era o funesto acontecimento, pelo qual se sentia eternamente culpado.

Justamente no aniversário de casamento e do suicídio de Eunice, Carlos estava em Porto Alegre, acompanhando cliente que atendia em demanda judicial. Caso complicado que absorveu Carlos durante todo o dia.

Não sabia se devia dar-se por feliz em estar longe e ocupado, naquele dia angustiante para ele.

Em anos anteriores, tivera em José Maria e Suzana seu porto seguro. Ele, otimista inabalável, sempre louvando a Deus até nos acontecimentos mais difíceis, vendo em tudo ensejo para reflexões e serviço no Bem. Ela, simplesmente a mulher de sua vida. Já não podia imaginar-se sem sua companhia, ainda que na condição de uma amiga muito querida, enquanto ele estivesse prisioneiro da culpa.

À noite, seu cliente, que era espírita, o convidou a visitar um Centro Espírita.

Carlos não se sentia disposto. Queria ficar sozinho no hotel, mas tão grande foi a insistência do cliente, que resolveu acompanhá-lo.

Para sua surpresa, naquele dia havia a presença de conceituado médium que psicografaria mensagens de Espíritos desencarnados aos seus familiares na Terra.

Carlos estava familiarizado com o assunto. José Maria, em várias oportunidades, recebera recados e mensagens do além, com uma fidelidade à personalidade e características do *morto* que a todos encantava.

"Ótimo trabalho", considerava Carlos com seus botões, enquanto o médium psicografava.

Encerrada a reunião, havia oito mensagens que foram entregues aos destinatários, em clima de grande emoção.

A última, para surpresa de Carlos, era a ele destinada, embora ali estivesse anônimo. Ninguém o conhecia, ninguém sabia seu nome, seu drama pessoal.

Não havia como negar, porquanto seu nome fora enunciado por inteiro: Carlos Santos Antunes.

Surpresa maior: era de Eunice!

Abalado, agradeceu ao médium e, desculpando-se por não participar de uma confraternização, voltou ao hotel.

Já no apartamento, a sós, leu, emocionado:

Querido Carlos, você estará perguntando-se por que demorei tanto a me comunicar e longe do Centro espírita que frequenta, que tem em José Maria um instrumento especial.

Há duas razões: a primeira é que, como todo suicida eu não tinha a mínima condição para uma experiência dessa natureza e, se hoje me sinto capaz, saiba que em grande parte é por seus méritos. Situando-me como beneficiária de seu trabalho na seara do Bem, você carreou para mim largos recursos de auxílio, que apressaram meu acolhimento numa instituição socorrista do plano espiritual.

A segunda razão atendeu à orientação de meu mentor. Disse-me que se eu me valesse da mediunidade de José Maria, você não ficaria convencido, embora a confiança que lhe deposita. Sempre ficaria a ideia de que a bondade do médium, conhecedor de seu drama de consciência e as circunstâncias que marcaram minha morte, haveria de interferir, animicamente, fantasiando a realidade.

Saiba, também, que venho acompanhando há vários meses o médium que está grafando esta mensagem, estabelecendo a necessária sintonia que favoreça fidelidade ao meu pensamento.

Sua presença aqui hoje, quando completamos onze anos de casamento e sete de minha morte, não é ocasional. Houve um trabalho de nossos mentores, favorecendo as circunstâncias que motivaram sua vinda a Porto Alegre e sua presença nesta casa.

Tudo o que quero dizer-lhe, Carlos, é que você não teve nenhuma culpa. A grande culpada fui eu mesma, em primeiro lugar por deixar-me envolver numa ligação afetiva na base da paixão, sem antecedentes entre nós. Não estava em nosso planejamento esse casamento, que foi simplesmente um desvio de rota. Você sabe quem é a mulher de sua vida.

Não se culpe pelo que aconteceu. Passada a paixão, você percebeu o erro que cometera, embora, acredito, não o tenha decepcionado como esposa.

Aprendi a duras penas que o suicídio é simplesmente uma fuga às responsabilidades e ao desejo de não assumir o que nos acontece, quando contrarie nossa vontade.

Estou pagando preço alto por minha imprudência, mas a dívida é minha. Não impute a responsabilidade a si mesmo. Se toda mulher traída partisse para o suicídio, teríamos grave problema para os coveiros.

Sinta-se dispensado de seu compromisso comigo, porque, na verdade, não éramos compromissados para uma vida em comum.

Como lhe disse, nossa união foi um desvio de rota. Espíritos ligados ao meu coração já providenciaram meu retorno à carne, dentro de algum tempo, mas não será em seu círculo afetivo. Sinta-se dispensado, meu querido amigo, e cumpra seu destino, perseverando no bem e unindo-se à companheira que lhe foi destinada.

Deus o abençoe e que você desfrute da felicidade que merece por todo o seu empenho em servir, que, conforme estou aprendendo, é o caminho perfeito das mais sagradas realizações da alma, como ensinava Jesus.

Carlos releu a mensagem várias vezes, sem conter as lágrimas que se derramavam incessantes, num misto de emoção, alívio, gratidão...

Entendia agora por que José Maria nunca lhe dera as esperadas notícias...

Fez uma ligação:

– Alô...

– Oi, Suzana!

– Carlos! Que prazer ouvi-lo! Está tudo bem? Deu certo no tribunal?

– Muito certo, querida. Depois lhe conto. Liguei para fazer-lhe uma pergunta. Lembra-se do dia em que você pegou minha mão e disse que gostaria de levá-la consigo?

– Não poderia esquecer jamais. Vai tirar um molde?

– E se você levasse tudo?

– Tudo?!

– O corpo inteiro e minha alma!

– Eu seria a mulher mais feliz do mundo! Mas, diga-me: o que houve?

– Eunice me liberou.

– Liberou? Como?

– Amanhã conversamos. Até lá, minha querida, amor de minha vida!

– Venha o mais rápido possível!

Radiante de felicidade, Suzana ligou para José Maria.

– Tenho ótima notícia para lhe dar...

– Já sei, Eunice liberou Carlos...

– Assim não vale. Você não me deixa surpreendê-lo.

– Eu já sabia, minha querida. Eunice apenas esperou pelo ensejo de comunicar-se por um médium desconhecido de Carlos, para que não houvesse dúvida.

– Como diria você, *Dio sia lodato*!

– *Lodato sia!*

Sentindo-se a mulher mais feliz do mundo, Suzana adormeceu, na expectativa de abraçar para sempre o homem de sua vida.

Capítulo 25

SEMPRE ATENTO

Carlos embarcou no Aeroporto Internacional Salgado Filho, em Porto Alegre.

Cumprimentou o passageiro que estava na poltrona do corredor e pediu-lhe licença.

O homem agiu mecanicamente, limitando-se a encolher as pernas sem nada dizer, abrindo passagem.

Carlos digitou uma mensagem para José Maria, que ficou de ir buscá-lo no aeroporto.

"Chego por volta de 11:30. Nenhum problema. Não vi nenhum rosto familiar."

Quem lesse a mensagem haveria de estranhar aquela observação , mas José Maria sabia do que se tratava.

Era uma brincadeira que ele próprio fazia quando viajava de avião. Dizia que se não via familiaridade nos passageiros, certamente não eram comparsas de crimes cometidos em vidas anteriores, reunidos para um resgate coletivo em acidente de avião.

Ambos não gostavam da ideia dos resgates coletivos, tipo piratas que, por terem afundado e matado muita gente, estariam no Titanic para morrer juntos no resgate do débito. Entendiam que a logística para cumprir semelhante sentença seria extremamente complicada, e que a responsabilidade por males praticados é individual, em grau compatível com sua evolução, ainda que os crimes tenham sido cometidos coletivamente.

Como era seu hábito em viagens, Carlos tomou um exemplar de *O Livro dos Espíritos* que carregava em sua pasta.

Resolveu abri-lo ao acaso.

Até parecia que o livro estava *viciado*. Caiu, como muitas outras vezes, na questão 943, abrindo o tópico *Desespero da vida. Suicídio.*

Percebeu logo o interesse do passageiro ao lado que, disfarçadamente, tentava ler o texto. Pouco depois ele lhe dizia:

– Desculpe incomodá-lo, mas fiquei curioso a respeito do que o senhor está lendo nesse livro. É de caráter religioso?

– Sim, é um livro espírita.

– Fala sobre o suicídio, pelo que vi.

– Na verdade fala sobre tudo. Trata-se de *O Livro dos Espíritos,* a obra básica que nos explica de onde viemos, por que estamos na Terra, para onde vamos...

– Interessante. Talvez possa ajudar-me. Tenho um amigo que é ateu e está pensando em matar-se.

– Está unindo o ruim ao péssimo.

– Não entendi.

– Viver sem uma perspectiva, sem conhecer um objetivo para a existência, não é uma boa experiência, que ficará ainda pior com o suicídio.

– Como pode ter certeza disso?

– Conversando com suicidas.

– Conversa com os mortos?

– Sim, com o concurso de médiuns, pessoas dotadas da capacidade de transmitir o pensamento dos que habitam o outro lado da vida ou, mais exatamente, na vida verdadeira.

– O que dizem?

– Que o pior sofrimento da Terra não se compara ao deles.

– E como saber que não se trata de mera fantasia dessas pessoas?

– Se um médium transmite essa informação, podemos duvidar. Se muitos médiuns, sem contato entre si, a transmitem, não há como negar. E isso não é invenção do Espiritismo. Desde as culturas mais remotas temos registros de pessoas que entraram em contato com os mortos e receberam as mesmas informações.

Demonstrando estar realmente interessado, o passageiro, apresentou-se:

– Meu nome é Frederico, e se o senhor não se importar, gostaria de continuar nossa conversa. Tenho certeza de que meu amigo irá se beneficiar de seus esclarecimentos.

– Meu nome é Carlos e fico feliz em poder ser-lhe útil.

– Não vou atrapalhá-lo?

– De forma alguma. Fique tranquilo.

– Pois bem, um ponto em que meu amigo se baseia para justificar o fato de pensar em matar-se é o seu ateísmo. Não acredita na existência de um ser superior que nos criou, nem na continuidade da vida física.

– É o problema de muita gente, mesmo pessoas cultas e inteligentes, que parecem não entender o óbvio: não há efeito sem causa. Se o Universo é efeito inteligente, tão inteligente que está acima do entendimento humano, certamente foi concebido por uma inteligência superior, à qual podemos dar o nome que nos aprouver.

– Aí reside a dificuldade maior de meu amigo. Ele diz que o universo é regido por leis que dispensam um Criador.

– Raciocínio torto. Se há leis que regem o universo, quem criou essas leis? Quem as faz funcionar? Impossível conceber o relógio sem a figura do relojoeiro que o criou e lhe dá corda...

– Raciocínio interessante, mas esbarra numa dúvida insuperável: quem criou o relojoeiro?

– Concordo. É uma pergunta para a qual não temos resposta no estágio de evolução em que se encontra a humanidade. Seria o mesmo que tentar ensinar álgebra a uma criança. Não podemos entender um Criador incriado, nem onde estaria ele antes de criar o universo. Só não vejo por que esse detalhe deva inibir nossa crença em Deus. Se vemos um relógio perfeito em sua apresentação e funções, vamos duvidar da existência do relojoeiro por não sabermos de sua origem? Seria uma discussão bizantina do pedantismo intelectual, sem significado algum para o homem simples, que, mais do que definir, sente a presença de Deus.

– Então é preciso ser ignorante...

– Não confundamos simplicidade com ignorância. Digamos que homens de ciência criaram o paradigma materialista, a fim de atender sua própria vaidade, como se isso os situasse como sábios capazes de decifrar os enigmas do Universo. Paulo de Tarso, o grande arauto do Evangelho, diz, sabiamente, na Primeira Epístola aos Coríntios, que a ciência incha; só o amor edifica. Infelizmente os filósofos e cientistas da atualidade têm ciência demais e amor de menos.

– Belo conceito, mas, voltando ao tema inicial, o senhor acha que a crença em Deus e na sobrevivência são vacinas contra o suicídio?

– Faltou um componente importante: a comunicação dos Espíritos. É a partir do contato com suicidas que nos compenetramos de que o suicídio é uma porta falsa a nos mergulhar em abismos de dores.

– Devo lhe confessar que admiro a convicção que o move.

– Minha crença não nasceu do dia para a noite. Na verdade, nunca me preocupei com o assunto, e somente quando enfrentei uma grande tragédia pessoal fui capaz de avaliar minhas concepções de vida, e confesso-lhe que, se não fosse minha iniciação espírita, eu teria buscado o autoaniquilmento, opção até supostamente razoável para quem concebe que tudo termina no túmulo.

A conversa estendeu-se por todo o voo, com grande interesse do senhor Frederico, que, ao despedir-se, disse:

– Fico imensamente grato por sua atenção e gentileza, senhor Carlos. Passarei essas informações ao meu amigo ateu.

– Certamente há de passar-lhe algo mais consistente disse Carlos, entregando-lhe *O Livro dos Espíritos,* após escrever uma dedicatória.

Pouco depois separaram-se no aeroporto de Congonhas, sem que Carlos percebesse que dera uma grande contribuição para salvar um ateu do suicídio:

O senhor Frederico.

***

Não temos ideia, amigo leitor, de quantas pessoas, ao longo da existência, podemos salvar de iniciativas infelizes, e do próprio suicídio, simplesmente mantendo um comportamento equilibrado e a disposição em atender aos apelos da espiritualidade que chegam frequentemente até nós diante de irmãos em perigo.

É relativamente simples: oração e atenção, rogando a Deus nos dê a sensibilidade para perceber a angústia que vai em nosso irmão.

Capítulo 26

FINAL FELIZ

Ao deixar o saguão de desembarque, Carlos surpreendeu-se com a presença de Suzana, que acompanhava José Maria.

Abraçaram-se, abraço apertado, vibrante, feliz, de almas afins que veem superados os entraves à sua união.

– Não resisti ao desejo de saber que mágica aconteceu, Carlos. Saiba que nisso sou bem feminina.

– Creio que esta carta explica tudo – falou Carlos, entregando-a à jovem. Recebi num Centro Espírita em Porto Alegre. E nem precisa mostrar ao José Maria. Ele sabia de tudo desde o princípio.

– *Dio sia lodato,* meu caro! – disse José Maria a sorrir, enquanto Suzana lia, avidamente, a carta libertadora de Eunice, a transbordar de emoção.

***

Um mês depois, em cerimônia singela, em casa de Carmem Lúcia, juiz de paz oficiava o casamento de Carlos e Suzana.

Carnem Lúcia, agora colaboradora dedicada do *Discípulos de Jesus,* fez questão de que o casamente fosse em sua confortável mansão no Morumbi, com a presença do pessoal mais ligado ao Centro e a colaboração de Francisca e suas filhas, que ela praticamente adotou como sua própria família.

Pouca gente encarnada, mas muitos amigos e familiares espirituais, jubilosos com o evento tão aguardado, que apenas reiterava a união de duas almas que se reencontravam para sagradas realizações no campo do bem e da verdade, a exaltar que vale a pena viver.

Após as formalidades do casamento, José Maria pronunciou emocionada oração:

– Senhor Jesus, nosso preito de gratidão à tua misericórdia que tantas bênçãos nos têm proporcionado, sobretudo o Espiritismo cristão, que nos oferece uma gloriosa visão da existência humana, campo de lutas redentoras, mas também nossa escola abençoada onde aprendemos a conjugar os verbos servir, perdoar, compreender, aceitar e todas as maravilhosas lições que nos ensinaste e exemplificaste, em favor de nossa realização como filhos de Deus, o pai de infinito amor e misericórdia que nos revelaste, a trabalhar infinitamente pelo bem de todos os seus filhos.

Abençoa, Senhor, nossos irmãos que hoje se consorciam e que façam eles de sua união um ponto de contato com o Céu, a distribuir suas bênçãos aos aflitos e sofredores da Terra.

Dio sia lodato!

E, descontraindo:

– Agora, os noivos podem beijar-se!

FIM

Homenagem

Amigo leitor,

Peço-lhe licença para aqui grafar algumas linhas, após, junto a você, termos nos deleitados uma vez mais com a maravilhosa verve literária de nosso queridíssimo Richard, para que possa representá-lo – entre os milhares de beneficiados que desfrutaram de seus livros - em um singelo preito de gratidão. Em quase meio século, foram incontáveis as suas palavras, pela escrita – nos seus livros - e pela voz – nas suas palestras -, que fizeram cumprir, magistralmente, o seu único nobilíssimo propósito, desde que abraçou fielmente a Doutrina dos Espíritos como mote de sua luminosa vida – o de ajudar a quem quer que seja, já que assumira integralmente para si a interpretação cristã - *ipsis literis* – de que todos somos irmãos, filhos de um único Pai.

Depois de você, Richard, a "Voz do monte" ficou mais clara e acessível! Depois de você, o "endereço certo do homem novo foi explicitado"! Depois de você, nosso "medo da morte" tanto diminuiu! Depois de você, "a força das ideias" pacificadoras que plantou, florescerá! Depois de você, o "tempo de despertar" é a cada segundo! Depois de você, e das "luzes que acendeu em nosso caminho", reconhecemos que o "destino só pode estar em nossas mãos", e que o "céu, pouco a pouco, estará sempre mais ao nosso alcance".

Obrigado, Richard, "amor sempre amor" foi o que nos ensinou, e "amor, sempre amor", é o que sempre sentiremos por você!

Marcelo Occhiutto

BIBLIOGRAFIA DO AUTOR

01 – PARA VIVER A GRANDE MENSAGEM 1969

Crônicas e histórias.
Ênfase para o tema Mediunidade.
Editora: FEB

02 – TEMAS DE HOJE, PROBLEMAS DE SEMPRE 1973

Assuntos de atualidade.
Editora: Correio Fraterno do ABC

03 – A VOZ DO MONTE 1980

Comentários sobre "O Sermão da Montanha".
Editora: FEB

04 – ATRAVESSANDO A RUA 1985

Histórias.
Editora: IDE

05 – EM BUSCA DO HOMEM NOVO 1986

Parceria com Sérgio Lourenço
e Therezinha Oliveira.
Comentários evangélicos e temas de atualidade.
Editora: EME

06 – ENDEREÇO CERTO **1987**

Histórias.
Editora: IDE

07 – QUEM TEM MEDO DA MORTE? **1987**

Noções sobre a morte e a vida espiritual.
Editora: CEAC

08 – A CONSTITUIÇÃO DIVINA **1988**

Comentários em torno de "As Leis Morais",
3a. parte de O Livro dos Espíritos.
Editora: CEAC

09 – UMA RAZÃO PARA VIVER **1989**

Iniciação espírita
Editora: CEAC

10 – UM JEITO DE SER FELIZ **1990**

Comentários em torno de
"Esperanças e Consolações",
4a. parte de O Livro dos Espíritos.
Editora: CEAC

11 – ENCONTROS E DESENCONTROS **1991**

Histórias.
Editora: CEAC

12 – QUEM TEM MEDO DOS ESPÍRITOS? **1992**

Comentários em torno de "Do Mundo Espírita e
dos Espíritos",2a. parte de O Livro dos Espíritos.
Editora: CEAC

13 – A FORÇA DAS IDEIAS **1993**

Pinga-fogo literário sobre temas de atualidade.
Editora: O Clarim

14 – QUEM TEM MEDO DA OBSESSÃO? **'1993**

Estudo sobre influências espirituais.
Editora: CEAC

15 – VIVER EM PLENITUDE **1994**

Comentários em torno de "Do Mundo Espírita e dos Espíritos", 2a. parte de O Livro dos Espíritos.
Sequência de Quem Tem Medo dos Espíritos?
Editora: CEAC

16 – VENCENDO A MORTE E A OBSESSÃO **1994**

Composto a partir dos textos de Quem Tem Medo da Morte? *e* Quem Tem Medo da Obsessão?
Editora: Pensamento

17 – TEMPO DE DESPERTAR **1995**

Dissertações e histórias sobre temas de atualidade.
Editora: FEESP

18 – NÃO PISE NA BOLA **1995**

Bate-papo com jovens.
Editora: O Clarim

19 – A PRESENÇA DE DEUS **1995**

Comentários em torno de "Das Causas Primárias", 1a. parte de O Livro dos Espíritos.
Editora: CEAC

20 – **FUGINDO DA PRISÃO** **1996**

Roteiro para a liberdade interior.
Editora: CEAC

21 – **O VASO DE PORCELANA** **1996**

Romance sobre problemas existenciais, envolvendo família, namoro, casamento, obsessão, paixões...
Editora: CEAC

22 – **O CÉU AO NOSSO ALCANCE** **1997**

Histórias sobre "O Sermão da Montanha".
Editora: CEAC

23 – **PAZ NA TERRA** **1997**

Vida de Jesus – nascimento ao início do apostolado.
Editora: CEAC

24 – **ESPIRITISMO, UMA NOVA ERA** **1998**

Iniciação Espírita.
Editora: FEB

25 – **O DESTINO EM SUAS MÃOS** **1998**

Histórias e dissertações sobre temas de atualidade.
Editora: CEAC

26 – **LEVANTA-TE!** **1999**

Vida de Jesus – primeiro ano de apostolado.
Editora: CEAC

27 – **LUZES NO CAMINHO** **1999**

Histórias da História, à luz do Espiritismo.
Editora: CEAC

28 – **TUA FÉ TE SALVOU!** **2000**

Vida de Jesus – segundo ano de apostolado.
Editora: CEAC

29 – **REENCARNAÇÃO – TUDO O QUE VOCÊ PRECISA SABER** **2000**

Perguntas e respostas sobre a reencarnação.
Editora: CEAC

30 – **NÃO PEQUES MAIS!** **2001**

Vida de Jesus – terceiro ano de apostolado.
Editora: CEAC

31 – **PARA RIR E REFLETIR** **2001**

Histórias bem-humoradas, analisadas à luz da Doutrina Espírita.
Editora: CEAC

32 – **SETENTA VEZES SETE** **2002**

Vida de Jesus – últimos tempos de apostolado.
Editora: CEAC

33 – **MEDIUNIDADE, TUDO O QUE VOCÊ PRECISA SABER** **2002**

Perguntas e respostas sobre mediunidade.
Editora: CEAC

34 – ANTES QUE O GALO CANTE **2003**

Vida de Jesus – o Drama do Calvário.
Editora: CEAC

35 – ABAIXO A DEPRESSÃO! **2003**

Profilaxia dos estados depressivos.
Editora: CEAC

36 – HISTÓRIAS QUE TRAZEM FELICIDADE **2004**

Parábolas evangélicas, à luz do Espiritismo.
Editora: CEAC

37 – ESPIRITISMO, TUDO O QUE VOCÊ PRECISA SABER **2004**

Perguntas e respostas sobre a Doutrina Espírita.
Editora: CEAC

38 – MAIS HISTÓRIAS QUE TRAZEM FELICIDADE **2005**

Parábolas evangélicas, à luz do Espiritismo.
Editora: CEAC

39 – RINDO E REFLETINDO COM CHICO XAVIER **2005**

Reflexões em torno de frases e episódios bem-humorados do grande médium.
Editora: CEAC

40 – SUICÍDIO, TUDO O QUE VOCÊ PRECISA SABER **2006**

Noções da Doutrina Espírita sobre a problemática do suicídio.
Editora: CEAC

41 – RINDO E REFLETINDO COM CHICO XAVIER Volume II **2006**

Reflexões em torno de frases e episódios bem-humorados do grande médium.
Editor: CEAC.

42 – TRINTA SEGUNDOS **2007**

Temas de atualidade em breves diálogos.
Editora: CEAC

43 – RINDO E REFLETINDO COM A HISTÓRIA **2007**

Reflexões em torno da personalidade de figuras ilustres e acontecimentos importantes da História.
Editora: CEAC

44 – O CLAMOR DAS ALMAS **2007**

Histórias e dissertações doutrinárias.
Editora: CEAC

45 – MUDANÇA DE RUMO **2008**

Romance.
Editora: CEAC

46 – DÚVIDAS E IMPERTINÊNCIAS **2008**

Perguntas e respostas.
Editora: CEAC

47 – BEM-AVENTURADOS OS AFLITOS **2009**

Comentários sobre o capítulo V, de O Evangelho Segundo o Espiritismo.
Editora: CEAC

48 – POR UMA VIDA MELHOR **2009**

Autoajuda e orientação para Centros Espíritas.
Editora: CEAC

49 – AMOR, SEMPRE AMOR! **2010**

Variações sobre o amor, a partir de O Evangelho segundo o Espiritismo.
Editora: CEAC

50 – O PLANO B **2010**

Romance.
Editora: CEAC

51 – BOAS IDEIAS **2011**

Antologia de 50 obras do autor.
Editora: CEAC

52 – A SAÚDE DA ALMA **2011**

Histórias e reflexões em favor do bem-estar.
Editora: CEAC

53 – O RESGATE DE UMA ALMA **2012**

Romance.
Editora: CEAC

54 – O GRANDE DESAFIO **2012**

Roteiro para a vivência espírita.
Editora: CEAC

55 – **DEPRESSÃO – UMA HISTÓRIA DE SUPERAÇÃO** **2013**

Romance.
Editora: CEAC

56 – **O HOMEM DE BEM** **2013**

Reflexões sobre o enfoque de Allan Kardec, em O Evangelho segundo o Espiritismo.
Editora: CEAC

57 – **PARA GANHAR A VIDA** **2014**

Histórias e dissertações doutrinárias.
Editora: CEAC

58 – **CONTRA OS PRÍNCIPES E AS POTESTADES** **2014**

Romance enfocando reuniões mediúnicas.
Editora: CEAC

59 – **PARA LER E REFLETIR** **2015**

Temas de atualidade.
Editora: CEAC

60 – **AMOR DE PROVAÇÃO** **2015**

Romance enfocando um drama de amor
Editora: CEAC

61 – **MORTE, O QUE NOS ESPERA** **2016**

Dissertações em torno da 2ª. parte do livro O Céu e o Inferno, *de Allan Kardec.*
Editora CEAC

62 – UMA RECEITA DE VIDA **2016**

Roteiro para uma existência feliz.
Editora: CEAC

63 – O QUE FAZEMOS NESTE MUNDO? **2017**

Reflexões sobre a existência humana.
Editora: CEAC

64 – AS BÊNÇÃOS DA GRATIDÃO **2018**

Reflexões sobre a existência humana
Editora: FEB

65 – O MELHOR É VIVER! **2018**

Romance enfocando causas
e consequências do suicídio.
Editora: CEAC